나만의
성취지도를
가져라

나만의 성취지도를 가져라

초판인쇄 2006년 1월 20일
초판발행 2006년 2월 10일

지 은 이 김경모
펴 낸 이 김철수
편   집 최봉식
마 케 팅 김미숙
관   리 장인희 · 송무영

디 자 인 인디자인
출   력 스크린출력센터
용   지 승일지업사
인쇄 · 제본 (주)상지사피앤비

펴 낸 곳 아이디북
등   록 1988년 2월 27일 제8-44호
주   소 서울시 마포구 상수동 231번지 호수빌딩 301호
전   화 (02)322-9822-5 / 팩스 (02)322-9826

ISBN 89-90351-14-6 03320

나만의
성취지도를
가져라

아이디북

책머리에

　이 책은 우리들의 '삶과 일'의 관계를 조명하여 '즐겁게 일하는 방법'을 찾으려는데 그 목적을 두었다. 언제부터인가 밥벌이로서의 일에 우리 모두는 끌려 다니고 있다. 삶을 위해 일이 존재해야 하는데, 일을 위해 삶이 존재하는 듯하다. 주객(主客)이 전도된 것이다.

　성공이니, 출세니 하는 사탕발림(?)으로 사회는 일이 삶을 지배하고 있는 것을 타당화한다. 하지만, 마음속에서는 '삶이란 분명 이런 것이 아닐 텐데…'라는 의문부호가 시도때도 없이 불쑥불쑥 치밀고 오른다. 뭔지 모르지만, 자신에게 화가 난다. 짜증이 난다. 하지만, 쉴 틈도 없고, 돌아볼 여유조차 없다. 그렇게 우리는 살아간다.

여러분이 지금 직업전선에 뛰어들려고 하고 있다면, 여러분이 현재의 직장에서 성공하려면, 여러분이 다른 직업으로 전환하고 싶다면, 여러분이 창업을 하고 싶다면, '삶과 일'의 관계를 분명히 알아 즐거운 일을 해야 한다. 즐거운 일은 여러분의 삶을 살찌우고, 여러분의 삶을 행복하게 만든다. 그것이 삶이 일을 지배하는 방법이다.

여러분은 어린 시절, 놀이에 미쳐 밥도 잊고, 시간도 잊고, 부모님의 꾸중도 잊고, 오직 놀이에 열중했던 시절이 있었는가? 그렇게 일을 할 수만 있다면, 그렇게 일을 만들 수만 있다면 여러분은 즐겁게 일할 수 있을 것이다. 이 책은 그런 일을 찾고, 만들고, 행동하는 방법을 제시하고 있다. 그래야만 자기성취를 만들 수 있다. 이 책은 '자기만의 성취지도'를 그리도록 안내한다.

나를 위해서나, 직장을 위해서나, 사회를 위해서나 즐겁게 살아야 한다. 우리에게 주어진 시간은 한정되어 있다. 그 한정된 시간을 가장 효율적으로 이용하는 방법을 찾아야 한다. 그것이 너와 나, 우리 모두를 위한 길이다.

끝으로, 이 내용이 필자한테 도움이 되었던 것처럼 여러분의 앞날을 설계하는데 커다란 도움이 되기를 바란다. 계획은 시작이고, 시작은 반이다. 지금부터 출발하라. 늦었다고 할 때가 가장 빠른 때라는 것을 결코 잊지 마라.

2005년 11월

지은이

1. 즐겁게 일하라.   013

먼저 깨달아라
선택 듣기란 무엇인가?
강력하게 바꾸어라.

2. 흘러간다는 것을 받아들여라.   027

변화를 받아들여라.
걱정을 기회로 전환하라.
자기 삶을 지배하라
마음의 문을 열어라
변화에 대처하는 10가지 방법
일중독에서 벗어나라

3. 흥미와 관심을 확대하라   043

〈실습〉 뒤돌아보기
어떤 것에 흥미나 관심이 있는가?
〈실습〉 흥미와 관심 찾기
일지에 답을 써라
개인적 틀을 찾아라.
새 직업으로 옮길 때

4. 정말로 잘하는 것은 무엇인가?   063

자기 기술을 확인하라
개성을 확인하라
자기 가치를 찾아라
여러분은 어떤가?

기술과 특성을 찾아라
작업 기술이란?
〈실습〉작업 기술
양도할 수 있는 기술이란?

5. 성취전략을 만들어라.　　　　　　　　　081

프로가 되어라
자신은 사라지고 일만 남는다.
트레이닝은 과정이다.
생각은 가장 위대한 선물
삶은 선택으로 가득 차 있다.
성취를 만드는 속성
우리는 성취할 만한 역량을 가졌는가?

6. 운을 스스로 만들어라　　　　　　　　　115

제일 먼저 보아라.
〈실습〉이상적인 삶
목표는 차이를 만든다.
〈실습〉꿈을 꾸는 방법
꿈을 목표로 바꿔라.
돈 이상의 것을 찾아라.
공약하라
〈실습〉공약을 만드는 방법
좋아하는 것을 하라
일어나서 움직여라

7. 인생의 여행을 즐겨라　　　　137

두려움을 극복하라
미래의 문을 열어라
여행을 시작하라
기적을 포옹하라
신나게 일하라
균형을 만들어라
여러분의 이야기
광범한 자아치료
〈실습〉 광범한 자아치료

8. 행복한 삶을 살고 싶은가?　　　163

날마다 개선을 실천하라
〈실습〉 개선하는 방법
스트레스가 성공을 죽인다
〈실습〉 스트레스를 줄이는 방법
고요하라, 그리고 찾아라
시간을 경영하라
건강을 지켜라
자신에게 무슨 말을 하고 있는가?
전환을 위한 말

9. 창업으로 성공하려는 사람에게　　185

창업의 선택-여러분의 필요는 무엇인가?
취미를 사업으로 전환하라
파트타임 사업
최선을 다하라

10. 현재의 직장에서 성공하기를 바란다면   197

우리는 각자 사장이다.
삶을 위한 배움을 지속하라
지속적인 교육과 트레이닝
긍정적인 태도를 유지하라
책임지는 법을 배워라
변화에 적응하라
팀워크 기술을 배양하라
동료 위로 올라서는 방법

11. 새로운 직장이나 일을 얻고 싶다면   209

이상적인 직업을 위한 홍보기술
부탁하고, 부탁하고, 또 부탁하라.
원하는 것을 알아라
분리된 여섯 사람
여러분의 책임
자기소개서-개인적 판매도구
면접하기
준비하라
면접 전에
면접장에서
면접할 때 자주하는 질문
면접을 마치고

12. 이 글을 끝내면서   225

1. 즐겁게 일하라

"단순한 신의 의지만으로 행복하게 되는 것은 아니다.
행복은 우리가 스스로 만들어야 한다." -칸트(Kant)

　　'일'이라는 말만 들어도 머리를 내두르는 사람이 있다. '일'이라는 단어만 보아도 스트레스가 쌓인다는 것이다. 하지만, 우리는 자신을 위해서, 가정을 위해서, 직장을 위해서, 사회를 위해서 일해야 한다. 그것도 '즐겁게' 일해야 한다. 머뭇거리고 있을 만큼 우리에게 주어진 시간이 그리 많지 않기 때문이다.

　　그러면 '즐겁게' 일한다는 것이 무슨 뜻일까? 무조건 참고 견디면서 현재 있는 그대로 살아가라는 뜻일까? 물론 아니다. 그렇다면 싫어하는 일도 즐거운 듯이 하라는 뜻일까? 절대로 아니다.

'즐겁게 일하기'란 건강을 잃으면서까지 일에 전력투구하라는 뜻도 아니요, 사랑하는 가족이나 친구들을 멀리하고 일만 하라는 뜻도 아니요, 자기에게 필요한 시간을 몽땅 쏟아 부어서 일만 하라는 뜻도 아니요, 자신을 위해서 정열적으로 살아가서는 안 된다는 뜻도 아니다.

결론부터 말해서 '즐겁게 일하기란 자기 성장을 방해하는 삶은 생각조차 하지 않는다.'라는 결단을 뜻한다. 그것은 매우 즐겁기 때문에 직장에서 일할 때 일을 적게 하더라도, 성취는 더 많이 한다는 뜻이요, 좋아하는 일을 갖고, 정열적으로 일한다는 뜻이다. 즐겁게 일하는 사람은 지칠 줄도 모르고, 시간 가는 줄도 모른다. 그런 사람들 주변에는 언제나 활력이 넘치는 사람들만 모인다.

아침에 일어나 마치 도살장에 끌려가는 소처럼 마지못해 직장에 나가는 사람들을 흔히 본다. 그런 사람들은 가정에서나, 직장에서나 밝은 표정을 찾을 수가 없다. 마치 '내 영혼은 지금 병들어 있습니다.'라는 광고를 붙이고 다니듯이 불만에 찬 얼굴표정을 짓고 있다. 그런 사람들을 볼 때마다 깊은 비애를 느낀다.

"정말, 인생이 이런 것인가?"

"정말, 우리는 이렇게 살다가 허무하게 사라져야만 하는 것인가?"

"그렇다면, 인생이란 얼마나 불행한 것인가?"

이른 바 성공이라고 가르쳐온 것들에 완전히 포로가 되어 있는 처량한 '너와 나' 의 모습이 바로 그 얼굴에 나타나 있기 때문이다.

나도 한때 그런 악마와 함께 살고 있었다. 집에 돌아와도 편안이 잠잘 수 없었고, 시간이 없어서 라면이나 패스트푸드로 대충 배를 채웠으며, 자나 깨나 일에 대한 생각이 머리를 떠나지 않았다. 한밤중에 컴퓨터에 앉아 이메일을 하고 있었고, 휴

가 중에도 핸드폰을 놓지 않았다. 내 인생이 몽땅 일에 끌려 다니고 있었다. '나'라는 존재는 아무 데서도 찾을 수가 없었 다. 나는 성공이라는 악마가 시키는 대로 틀에 박힌 생활을 하 고 있었다.

먼저 깨달아라.

나는 행운아이다. 돈이나 명예에게 지배당하는 것이 인생의 즐거움이 아니라는 것을 일찍 깨달았기 때문이다. 그것은 많 은 용기를 필요로 했고, 가장 큰 공포와 싸워야 했다. 하지만, 그 깨달음이 나에게 커다란 삶의 변화를 가져다주었다. 그렇 다고 무슨 산속의 수도승이 되라고 말하고 있는 것이 아니다.

여러분은 '선택듣기'란 말을 아는가? '선택듣기'를 잘해야 한다. 만일 그런 식으로 들었다면 그것은 내 기술방법에 문제 가 있는 것이다. 선택듣기의 예를 한 가지 들어보겠다.

선택 듣기란 무엇인가?

친구 중에 의사가 한 명 있다. 어느 날 그는 알코올 중독자를 위한 세미나에 초청을 받았다. 알코올이 몸에 해롭다는 것을 어떻게 설명할지 여러 날을 곰곰이 생각하다가 그는 두 개의 유리서랍을 들고 강연장으로 향했다. 하나에는 맑은 물을 채웠고, 또 하나에는 알코올로 채웠다. 유리서랍 앞에는 물과 알코올이라고 크게 써서 붙였다.

강단에 선 그는 먼저 활동력이 활발한 벌레 한 마리를 집어서 맑은 물로 채워진 유리서랍에 넣었다. 벌레는 기운차게 움직이다가 기어 나왔다. 그는 그 벌레를 집어 이번에는 알코올로 채워진 유리서랍에 넣었다. 활발히 움직이던 벌레는 조금 지나자 머뭇거리는 듯하더니 이내 죽고 말았다. 그는 실험을 끝내고 청중에게 물었다.

"자, 이게 무슨 뜻일까요?"

청중은 아무 말도 않고 잠자코 있었다. 그때 맨 뒤에 앉아 있던 청중 한 명이 중얼거리듯이 말했다.

"그건 알코올이 뱃속에 들어가면 모든 벌레를 죽인다는 뜻이 아닐까요?"

물론 그런 뜻이 아니다. 여러분은 이미 알고 있을 것이다. 이것이 선택듣기이다. 사람은 누가 어떤 말을 하든, 자기가 듣기 편한 대로 듣는 속성이 있다. 자기 듣기 편한 대로 들은 것을 가지고, 평가하고, 자위한다.

　나는 어느 순간 일에 대한 정열도 잃었고, 살아간다는 의미도 잃었다. 나는 일이 나의 삶, 건강 및 인간관계까지 삼켜버려 중대한 위험 속에 빠졌다는 것을 느낄 수 있었다.

　그때 순간적으로 어떤 생각이 번갯불처럼 내 머리를 덮쳤다. 그것을 보았을 때 두려움이 캄캄한 어둠 저편으로 사라져가는 것처럼 보였다. 나는 즉시 나를 덮쳤던 생각들을 정리하여 행동으로 옮겼다. 그러자 내 시간 속에서 내가 선택한 삶 외에 원하지 않는 것은 자취를 감추기 시작했다. 그렇다. 삶과 설계를 위한 선택, 바로 그것이 가장 중요한 것이었다.

　현재 나와 함께 살아가고 있는 정열을 여러분도 가질 수 있고, 여러분이 꿈꾸는 삶을 성취하도록 내가 여러분을 도울 수 있을 것이라고 나는 믿어 의심치 않는다. 원하지 않는 일을 했던 여러분에게 새로운 첫발을 내딛을 용기도 줄 것이고, 여러분이 스스로 선택을 자유롭게 할 수 있도록 조언도 할 수 있을 것이다. 이 변화가 시작되면 여러분은 앞날이 두려움이 아니라, 흥분으로 기다려질 것이고, 날마다 자유와 기쁨으로 잠자리에서 일어나게 될 것이다.

이 책의 각 장을 주의 깊게 읽어라. 그리고 〈실습〉을 완성하라. 그러면 멋지고 즐거운 삶이 여러분을 기다릴 것이다. 내가 배운 이 교훈이 나의 삶에 아주 커다란 의미를 주었다. 그리고 이것은 매우 간단하기 때문에 여러분이 이것과 함께 한다는 것은 매우 신나는 일이 될 것이다. '즐겁게 일하기' 위해 자신을 열어놓아라. 인생이란 여러분이 현재 갖고 있는 소유만큼 작은 것도 아니고, 가치가 없는 것도 아니고, 억압의 존재도 아니다.

여러분이 현재 이 중에 하나라도 생각하고 있다면 이 책은 여러분을 위한 것이다.

* 지금 근무하는 직장은 싫다. 직장을 바꾸고 싶다.
* 매일 똑같은 일만 하니 짜증난다. 변화된 일을 하고 싶다.
* 다른 부서로 이동하거나 승진하고 싶다.
* 회사의 일이 비능률적이다. 개선하고 싶다.
* 백수로 지낸지 꽤 된다. 직장을 갖고 싶다.
* 짜증나는 일이 아닌 즐기는 일을 하고 싶다.

* 일을 하면서 내 자신의 기술을 배가하고 싶다.

* 여유 있는 생활을 원한다. 봉급을 더 받고 싶다.

* 상사나 동료와 인간관계를 더욱 높이고 싶다.

* 노력을 적게 하더라도 일을 더 잘하는 방법을 알고 싶다.

* 퇴근하면 사무실을 빨리 떠날 수 있는 방법을 배우고 싶다.

* 사업을 하려고 준비하고 있다.

* 직장을 개혁하여 혁신하고 싶다. 등등

강력하게 바꾸어라.

혹시 여러분은 인생의 연장자한테 "내 인생에서 그때 직장을 그만둔 것이 나에게 일어났던 일 중에서 가장 보람 있는 일이었어."란 말을 들어본 적이 있는가? 이런 말을 들으면 여러분의 머리는 금방 어리둥절해지지 않을까? 무엇이 긍정이고, 무엇이 부정일까?

사람들은 각자 어떤 의도를 가지고 일을 시작한다. 그리고 그 의도를 이루기 위해 엄청난 돈과 시간을 투자한다.

예를 들면, 우리는 대학 졸업장을 따려고 수많은 돈과 시간을 소비한다. 그리고 나서 변호사나 법관이라는 그 직위를 따기 위해, 또 엄청난 돈과 시간을 소비한다. 그리고 대부분의 사람들이 첫 번째 시험에서 실패하고 마는, 엄청나게 어려운 시험을 통과해야 한다. 의사는 다른 학생들보다 학교에서 더 많은 시간을 소비해야 하고, 수년 동안 인턴과 레지던트과정을 이수해야 한다. 그리고 그것도 모자라 의사고시를 패스해야 한다.

하지만, 이렇게 어렵게 딴 직위를 갖고 있는데도, 자기가 선택한 직업이 행복하지 않다고 생각하며 살아가는 불행한 사람들이 적지 않다는 것이 조사 발표이다. 그들 중 대부분은 자기가 하고 있는 일이 행복하지 않다는 것을 뻔히 알면서도 다른 일을 하려는 생각은 거의 하지 않고, 사회적인 직위와 체면 때

문에 그날그날 그 자리에 거만스럽게 앉아서 버틴다.

"내가 지금 이 자리에 앉기까지 얼마나 힘들게 노력해왔는데…. 그러므로 나는 자랑스럽다. 사람들이 나를 존경하는 것이 즐겁다. 당신은 이런 내가 이 자리를 포기하기를 바라는가? 그럴 수는 없다."

여러분이 직업을 바꾸고 싶을 때마다 여러분의 이성적인 정신(친구나 가족)이 들려주는 말이다. 불행하게도 여러분이 좋아하는 일이 무엇인지를 알고 있는 마음속 한 부분인 자아는 이런 말을 듣기 전부터 변화하라고 잔소리하면서 외친다.

"청소년 때는 내가 대학만 들어가면 '나는 이런이런 일을 할 것이다.'라고 자신에게 말한다. 대학생이 되어서는 대학을 졸업하고 취업 만하면 '나는 이런이런 일을 할 것이다.'라고 자신에게 말한다. 직장인이 되어서는 내가 결혼 만하면 '나는 이런이런 일을 할 것이다.'라고 자신에게 말한다. 결혼하고 나면 '아이들만 자라면 나는 이런이런 일을 할 것이다.'라고 자신에게 말한다. 아이들이 자라면 '퇴직만 하게 되면 나는 이런이런 일을 할 것이다.' 라고 자신에게 말한다. 그리고 퇴직을 하고나면 아이들이 다 떠난 텅 빈 집과 허무하게 흘러가 버린 세월만 눈앞에 보인다."

　지금은 온 지구상의 대명제가 변화이다. 변화하지 않는 한 살아남지 못한다. 설령, 여러분이 현재의 직장에서 만족하며 살아간다고 할지라도, 변화를 받아들이지 않는 한, 조만간 여러분은 그 직장보다 더 편안한 곳(여러분의 집)에서 빈둥빈둥 뒹굴면서 살아가고 있는 자신을 발견하게 될지도 모른다.

　다음과 같은 일들이 일어날 때마다 우리들에게는 커다란 아픔이 다가온다.

* 우리 회사는 지금 군살을 빼야 살아남을 수 있다.
* 우리 회사는 머지않아 다른 회사와 합병하게 될 것이다.
　새로운 자리는 임시직에 불과하다.
* 우리가 하는 일은 똑같지만, 일하는데 신이 나지 않는다.

　그러면 이런 커다란 아픔이 여러분에게 닥쳤을 때 이전보다 더 즐겁고, 행복하게 되돌아갈 수 있는 방법은 없을까? 물론

25

있다. 그것이 바로 다음부터 기술하려는 내용들이다. 주의 깊게 읽어라. 그 안에 방법이 있다. 다 읽고 나서 더 읽을 곳이 있다면 그 부분만 다시 읽어라. 그러면 길이 보일 것이다.

2. 흘러간다는 것을
받아들여라.

"발전은 멋진 말이다. 발전하려면 변화해야 한다. 하지만,
변화는 발전의 적이다."
−로버트 케네디(Robert Kennedy)

13세기 초 터키라는 나라의 아나톨리아 반도의 한 도시에 나스레딘 호자(Nasreddin Hoja)라는 사람이 살고 있었다. 그는 특유의 해학과 재치로 주변 사람들을 감탄케 했는데, 그 일화 중 하나에 이런 이야기가 있다.

무더운 날이었다.

호자는 당나귀를 잃어버리고 터벅터벅 걸어서 시장을 향해 가고 있었다. 하지만, 언제나 당나귀가 그를 시장으로 데려다 주었는데, 당나귀가 없으니 시장으로 가는 길을 잘 알 수가 없었다. 그는 하루 종일 주변만 맴돌았지, 정작 시장은 찾을 수

가 없었다. 마침내 몹시 지친 호자는 잠시 쉬기 위해 여관을
찾았다.

"빈 침대 있나요?"

여관을 들어선 호자는 주인에게 빈 방이 있는지 물었다. 방
을 안내 받은 호자는 방 안으로 들어가기가 무섭게 침대에 누
웠다. 그런데 다리를 베개 위에 올려놓고, 머리를 침대 끝에
두는 것이었다. 거꾸로 누운 호자를 보고, 이상하게 생각한 주
인이 고개를 갸우뚱거리면서 말했다.

"저, 선생님! 지금 거꾸로 누우셨습니다. 머리를 베개 쪽으
로 두고 누우셔야 합니다."

호자가 대답했다.

"아니야. 그렇지 않다네. 내 발은 아무 죄가 없네. 이 모든
잘못은 내 머리에 있다네."

이 글의 주제를 알겠는가? 오늘날은 머리가 너무 좋아 고생
하는 사람들이 많다. 머리를 낮추고, 발이 더 대접받아야 할지
모른다. 머리가 너무 좋아 부정을 저지르고, 그 부정을 감추기
위해 또 다른 부정을 저지른다. 머리가 좋다고 해서 꼭 지혜가
많은 것은 아니다. 지식이 많으면 자동차 안의 화물을 훔치지

않고, 자동차 회사를 훔친다. 우리는 지식보다 지혜를 많이 가져야 한다. 살아가는데 필요한 것은 지식이 아니라, 지혜이다.

언제나 변화는 목적과 함께 시작한다. 목적이 명확해야 변화가 작동한다. 변화가 자리 잡기 시작하면 여러분은 손해를 보는 듯한 감정에 휩싸일 것이다. 약간의 슬픔과 혼란이 찾아올지도 모른다. 이런 감정을 통하여 변화가 작동한다. 그렇다고 변화를 무시하거나 부정하지 마라.

변화를 받아들여라.

여러 세기 동안 사람들은 높은 곳에서 물체를 떨어뜨리면 더 무거운 물체가 먼저 땅으로 떨어진다는 아리스토텔레스의 말이 진리라고 믿었다. 아리스토텔레스는 전 역사를 통해서 가장 위대한 사상가로 간주되어 왔기 때문에 그가 실수했을 거라고는 아무도 생각하지 않았다.

한 용감한 사람이 가볍고 무거운 두 물체를 갖고 높은 곳에서 떨어뜨려 보았으면 좋았을 텐데, 아무도 시도하려고 하지 않았다. 아리스토텔레스가 죽은지 거의 2천년이 될 때까지 그 사실은 진보가 없었다. 발이 아니라, 머리만 믿은 결과이다.

1589년, 갈릴레오는 피사의 기울어진 탑의 기초에 대하여 조사하기 위해 전문가로 초빙되었다. 그때 그는 꼭대기에서 10파운드의 물체와 1파운드의 물체를 동시에 떨어뜨렸다. 두 물체는 동시에 땅에 닿았다. 하지만, 관습의 지혜를 믿는 힘이 너무 강해서 그것을 본 학자들조차 그 사실을 부정했다. 오늘날에도 그런 사례가 얼마나 많은가?

변화는 피할 수 없다. 우주 속의 만물은 언제나 변화하고 있다. 여러분 몸의 세포는 지금 이 시간에도 변화하고 있다. 세포 나이로 말하자면 여러분의 나이는 11개월 밖에 되지 않는다. 우리 몸은 끊임없이 새로운 세포를 생성하고 있다. 몸의 각 부분은 11개월을 주기로 새로 태어나고 있다.

변화는 여러분이 허락하든 허락하지 않든 일어나고 있다. 어쨌든 일어나고 있기 때문에 여러분은 변화를 받아들이는데 익숙해 있다. 키가 자라는 것도, 목소리가 변하는 것도, 남자는 어깨가 벌어지고, 여자는 골반이 넓어지는 것도 다 잘 받아들이고 있다. 변화를 받아들이는 방법을 잘 배웠기 때문이다.

실제로 "변화는 좋은 것이다."라는 신념을 발전시키고, 변화를 잘 받아들인다면 여러분의 삶이 어떤 길을 향하든지 잘 지배할 수 있고, 더 행복하게 될 수 있을 것이다.

걱정을 기회로 전환하라.

어째서 어떤 사람들은 다른 사람들이 실패와 절망 속에서 허덕이는 동안, 장애에 부딪히면서도 삶의 꽃을 피울까? 결론적으로 말해서, 그런 사람들은 자기 삶을 잘 지배하고 있기 때문  이다. 자기 길을 스스로 선택한 사람들은 어떤 상애물과 부딪쳐도 고통을 많이 받지 않는다. 무슨 일이든지 자발적으로 하는 일은 언제나 재미있다.

실제로, 정신의학자들은 정신적인 건강의 척도는 삶을 얼마나 지배하느냐에 달려 있다고 말한다. 여러분이 삶과 운명을 더 지배하면 할수록 정신적으로 더 건강해진다.

자기 삶을 지배하라.

그러면 우리는 삶을 어떻게 지배할 수 있을까? 자기 삶을 지배하는 첫 걸음은 삶을 체계화하는 것이다. 삶을 체계화하려면 제일 먼저 무엇이 중요한지 생각해야 한다. 그리고 가장 중요하다고 생각하는 것부터 실천하는 것이다. 사소한 일에 시간을 낭비해서는 안 된다. 대부분의 사람들은 시간과 정력이 소모된다고 해서 체계화를 피하려고 하지만, 시간과 정력을 지배하는 이득은 그 어떤 투자보다 가치가 있다.

그리고 그 체계화의 이름으로 자신의 건강을 돌본다면 어떻게 될까? 먼저 음식에 대하여 생각해보자. 지방과 설탕이 적게 들어가고, 탄수화물이면서 에너지가 높은 음식을 선택하게 될 것이다. 다시 말하면, 인스턴트 음식을 피할 것이다. 신선한 과일과 야채에서 에너지를 취할 것이고, 술이나 커피는 될 수 있는 대로 줄일 것이다. 카페인과 알코올이 스트레스를 더 주기 때문이다.

그리고 정신과 육체의 건강을 위하여 날마다 몇 시간은 할

애할 것이다. 활동적인 안정을 위하여 운동하게 될 것이고, 삶
을 지배하는 감각을 높이는 것을 즐거워할 것이다. 체계화를
하면 이런 식이 된다.

앞으로 읽어갈수록 우리는 체계화를 위한 좀 더 세밀한 아
이디어를 배우게 될 것이다.

"변화와 성장은 위험에 직면했을 때 당당히 당신의 삶으로 맞섬으
로써 생긴다."
 -허버트 오토(Herbert Otto)

마음의 문을 열어라.

우리는 모두 수많은 장애물을 헤치며 살아간다. 그때마다
우리에게는 수많은 변화가 일어난다. 변화의 반응에는 두 가
지 방법이 있다. 폭풍우를 만났을 때와 같다. 하나는 강한 바
람과 맞서 전진하는 것이고, 또 하나는 항해를 위해 강한 바람
을 이용하는 것이다.

우습게 들리겠지만, 여러분이 변화를 향해 마음의 문을 열
었을 때 지배하는 감각은 증가한다. 새로운 기술과 지식을 얻

는 기회로 각각의 변화를 이용하라. 새로운 상사가 여러분을 확인하듯이 스스로 자신을 확인하라. 여러분의 상사와 회사를 더 가치 있게 만들 수 있는 변화를 찾아라.

변화에 대한 지배와 열어놓은 마음은 걱정을 기회로 전환하는 열쇠가 된다. 여러분은 인생에서 자신의 운명을 선택할 수는 없지만, 그 운명을 어떻게 대처해야 할지는 선택할 수 있다.

여러분이 원한다고 백만장자의 아들이나 딸이 될 수 없고, 여러분이 원한다고 아이큐가 200이 될 수 없다. 여러분이 원한다고 160센티미터의 키가 180센티미터가 되지 않고, 못 생긴 얼굴이 잘 생긴 얼굴로 별안간 둔갑하지 않는다.

하지만, 여러분이 운명이라는 자동차의 운전석에 앉을 수만 있다면 더 쉽게 대처할 수 있을 것이다. 그렇지 않은가? 여러분이 가고자 하는 목적지로 여러분의 운명을 인도할 수 있지 않겠는가?

변화에 대처하는 10가지 방법

축소지향적인 요즘 시대는 우리들을 더 생산적이 되도록 압박하고 있고, 더 많은 일을 하도록 요구하고 있다. 그리고 그런 것들이 억압과 욕구불만을 더 느끼게 하는 원인이 되기도 한다. 우리가 억압을 받고 있다고 느낄 때 문제해결은 더욱 어려워진다. 모든 변화가 억압을 만들고 있다고 생각하기 때문이다.

여러분이 경험하고 있는 변화를 다루려면 먼저 자신을 돕고 있다고 생각하는 것들을 모두 연합시켜라. 하나보다는 연합된 힘이 더 크지 않은가? 그것은 모두 우리를 위해 현재까지 작용해온 것들이다. 여러분을 위해 최선으로 작용하는 것을 찾아라.

1. 자신의 힘을 느껴라.

만일 여러분이 스스로 희생물이라고 생각하면서 행동하고 있다면 자신을 도울 수 없다. 아무도 직장 안에서 여러분을 구해주지 않을 것이다. 그러므로 불평을 멈추고 일어나서 변화를 위해 자신을 준비하라.

2. 자신을 완전히 나타내라.

처리해야 할 많은 서류나 다음에 해야 할 일보다 먼저 지금 처리하고 있는 각각의 일에 초점을 맞춰라. 여러분이 갖고 있는 모든 에너지를 지금 그곳에 쏟는다면 더 성취할 수 있고, 한 가지씩 성취할 적마다 불만은 그만큼 감소할 것이다.

3. 모든 의무를 시도하라.

명령이 아닌 것을 찾아라. 가장 먼저 주위를 둘러보라. 아마 모든 일들이 명령이라고 생각하고 있는 자신을 발견할 수 있을 것이다. 다시 보아라. 어느 것이 가장 간단하고, 소득을 손상시키지 않고, 더 짧은 시간에 완수할 수 있는가? 그것부터 시작하라. 그리고 자신이 해야 할 의무 전체를 목록으로 만들어라. 그러면 불필요한 것들이 보이기 시작할 것이다.

4. 휴식을 취하라.

물을 먹거나 스트레칭을 하라. 하루에 몇 번은 걸어라. 점심시간 동안 쉴 수 있는 방법을 찾아라. 정신적 휴식을 주어라. 음악을 듣거나 책을 읽어라. 일에서 벗어나 친구들과 대화하라. 평화스러움을 느껴라.

휴식과 게으름을 구별할 줄 알아야 한다.

휴식은 창조를 가져오고, 게으름은 파멸을 가져온다.

5. 문을 닫고 집으로 가라.

하루 일과가 끝나면 문을 닫고, 그 문 뒤에 직장문제를 모두 남겨라. 다음날까지 다시 열 수 없도록 뚜껑으로 고정한 박스처럼 생각해도 좋다. 날마다 직장을 떠날 때는 안녕을 고하라.

6. 자신의 시간과 공간을 가져라.

자신의 감정을 털어놓을 수 있는 시간과 공간을 가져라. 자신의 상황에 대한 감정을 적을 수 있는 일지를 준비하라. 그 일지에 여러분의 분노와 슬픔, 각종 문제점들을 모두 표현하라.

7. 열린 대화를 유지하라.

가족이나 친구들과 마음을 열어놓고, 대화를 유지하라. 여러분의 감정을 솔직하게 큰소리로 나누고, 가족이나 친구들의 지원과 충고를 찾아라. 항상 새로운 아이디어를 위해 마음을 열어놓아라.

8. 동기부여를 하라.

뜨거운 목욕탕에 들어가라. 부드러운 음악을 들어라. 잘 먹

39

고 운동하라. 친구나 동료와 즐겨라. 날마다 약간의 고독을 가져라. 날마다 자신을 즐겁게 만들 수 있는 20가지 목록을 만들어라. 정말로 스트레스를 느낄 때마다 그 목록을 꺼내서 스트레스를 줄일 수 있는 것을 할 수 있는 시간을 가져라.

9. 일은 가끔 주기적이라는 것을 기억하라.

지난주보다 이번 주에 일을 더 했다는 사실이 다음 주에도 이런 식으로 더 많이 할 것이라는 것을 뜻하지 않는다. 여러분의 일감은 다시 변할 것이다.

10. 주어진 상황을 더 좋게 바꿀 수 없다면 긍정에다 초점을 맞춰라.

만일 현재의 직업에 머물기를 원한다면 왜 머물고 있는지 결단하라. 긍정적인 것이 분명히 있을 것이다. 함께 일하는 사람들이 좋다거나, 소득이 높다거나, 집과 직장 사이의 거리가 짧다는 등등, 그런 것들에 초점을 맞춰. 그러면 기운이 상승할 것이다. 그것이 바로 선택이다.

일중독에서 벗어나라.

우리는 일에 중독된 사람들을 종종 만난다. 그들과 함께 있을 때 그들은 여러분의 에너지를 빨아먹는다. 〈치킨스프〉의 저자 잭 캔필드는 그런 사람을 가리켜 '에너지 뱀파이어' 라고 부른다.

그런 사람들은 무슨 일이나 부정적인 초점을 선택한다. 그들은 언제나 회사나, 동료나, 자신들의 삶 속에서 결점만을 찾는다. 여러분이 좋은 날을 맞았을 때에도 그들은 여러분을 끌어 낮추려고 한다.

그런 사람들은 다른 사람이나 일에 대해서 절대로 좋은 말을 하지 않는다. 그들은 새로운 사업에 대한 여러분의 부푼 아이디어가 어째서 이루어지지 않는지, 어째서 돈을 잃게 되는지, 묻지 않아도 주저리주저리 뱉어

놓는다.

여러분이 어째서 승진에 적합하지 않은지, 여러분의 상사가 무엇이 잘못 되었는지 떠든다. 그들은 언제나 대부분의 시간을 가십으로 보내고, 아마 그들 대부분은 행복한 삶을 영위하지 못하고 있을 것이다.

이와 같은 낮은 수준을 즐기면서 살아가는 사람을 만나면 여러분은 그들을 위해 슬퍼해주어라. 그리고 여러분이 살아남기 위해 그들을 피하라. 그런 사람들과는 대화를 짧게 하라. 그들은 분명히 여러분 속에 들어 있는 열심과 정력을 빼앗아가고 말 것이다.

3. 흥미와 관심을 확대하라.

"마음에 얼마나 품을 수 있는지 아무도 측정할 수 없다,
설령 시인일지라도."
−젤다 피츠제랄드(Zelda Fitzgerald)

운전을 처음 배울 때 여러분은 어떻게 배웠
는가? 핸들의 조작, 클러치의 작동방법, 교통법규 등 하나하
나 뜯어가면서 공부했다. 그 때처럼 여러분이 다니고 있는 직
장의 각각을 뜯어서 생각해보라.

* 직장에서 배울 수 있는 교훈은 무엇인가?
* 어떤 일이 즐거운가?
* 어떤 일을 참고 지내는가?
* 무엇이 여러분의 피가 끓도록 화나게 만드는가?
* 무엇이 여러분을 신나게 만드는가?

* 여러분이 가장 자랑스럽게 성취하고 있는 것은 무엇인가?

다음의 〈실습〉을 통하여 일반적인 실마리를 찾아보자.

K씨 이야기

그녀는 아주 유명한 법률사무소의 직원이었다. 그녀는 날마다 소송사건의 서류를 만지거나 서류를 들고 법원에 드나드는 것이 일의 전부였다. 만나는 사람마다 모두 분쟁에 휩싸인 사람들뿐이었다. 그들의 이야기를 듣는 것도 지겨웠고, 그런 서류와 씨름하는 것도 고리타분했다. 결국 그런 일이 싫어서 일 때문에 병이 생겼다.

그녀가 느낀 것은 가부장제적인 사회제도의 부당성과 여자는 남자들의 종속물에 지나지 않는다는 것, 그리고 돈만 있으면 얼마든지 법망을 피해갈 수 있다는 것 등이었다. 그녀는 그런 직업이 자신에게 맞지 않는다는 것을 알았다.

하지만, 수입이 좋은 현 직장을 버리고 나면 다음일이 걱정이었다. 걱정하던 중 그녀는 나를 만났다. 나는 그녀에게 지금까지 해보지 않았지만, 그녀가 좋아하는 일로 돌아가 보는 것이 어떻겠느냐고 제안했다.

산책하듯이, 하루에 세 번 식사하듯이, 친한 친구를 만나듯이, 자신이 좋아하는 꽃을 사듯이, 좋아하는 음악을 듣듯이, 그저 편안하게 할 수 있는 것을 선택해 보라고 권했다.

얼마 뒤, 그녀는 자신이 진정으로 원하는 것은 돈이 아니라, 스트레스를 덜 받는 것이라고 결심했다. 그리고 자신의 삶을 즐길 수 있는 일을 하기를 원했다. 그녀는 레스토랑에서 파트타임 일을 하면서 자신이 즐기는 사진예술을 위해 사진 찍기 강좌를 신청했다. 새로운 일은 그녀의 영혼을 재생시켰고, 몸의 병을 낫게 했으며, 이전보다 창조적인 삶을 즐기고 있다.

〈실습〉 뒤돌아보기

잠시 동안 아무한테도 방해 받지 않을 수 있는 조용한 장소를 찾아서 앉아라. 그리고 여러분의 마음을 어린 시절로 되돌아가게 하라.

* 6, 7살 때는 무엇을 즐기고 있었는가?

* 즐거움을 준 활기는 무엇이었는가?

* 10살 때나 사춘기 때는 무엇을 즐기고 있었는가?

* 그 당시 여러분은 무엇을 즐겼는가?

* 여러분이 성취한 첫 번째 일은 무엇이었는가?

* 그것은 어떤 종류의 활기를 여러분에게 주었는가?

여러분의 일지에, 특히 여러분이 좋아했던 어릴 때의 활기를 찾아서 요점을 써라. 초등학교 때이거나, 중학교 때일 수도 있고, 고등학교 시절 아르바이트할 때일 수도 있다. 그 때로 돌아가라. 어떤 것들이 있는가? 자원봉사를 했거나 교회 봉사 등을 했다면 그런 것도 포함시켜라.

내가 아는 후배 한 사람은 이 연습을 통해서 자기가 가장 좋아했던 것 중의 하나가 '만들기(공작)'였다는 것을 발견했다. 그는 다니던 회사를 퇴직하고, 당분간 퇴직금으로 가족들이 살아가도록 정리해놓고, 목공소를 찾아 2년 동안 기술을 배웠다. 그뒤 자기만의 목공소를 차려 남들이 만들지 못하는 독특한 목공예품을 만들기 시작했다. 처음 몇 년간은 고생이 많았지만, 지금은 유망한 작은 업체로 성장했다.

어떤 여성은 중소기업의 중진급으로 일하고 있었지만, 일찍 해직을 결정하였다. 그리고 그녀는 대학 때 학보사에서 일했던 경험으로 되돌아갔다. 그녀는 돈 버는 일보다 자기가 하고 싶었던 일을 하기로 결심했다. 그녀는 지금 프리랜서로 출판사에서 교정 일을 하면서, 잡지사의 리포터를 겸하고 있고, 충분히 자기 삶을 즐기고 있다.

여러분의 목록에 그 당시에 여러분이 했던 일과 그 일에 대해서 어떻게 느꼈는지 요점을 적어라.

영국 행동과학자로 유명한 테리 로니어(Terri Lonier)가 쓴 《홀로 일하기》란 책을 보면, 젊은 시절의 바람과 성공 사이의 관계에 대해서 기술한 것이 있다. 간단히 소개해보자.

"사회적으로 성공한 50명을 대상으로 7살부터 35살까지 28년 동안 그들의 이상(理想)을 조사 연구했다. 그 결과 성공한 사람들은 7살에서 14살까지 관심이 깊었던 것을 추구하여 그런 직업을 갖고 있다는 것을 발견했다. 어릴 때 흥미로웠던 것을 35살의 어른이 되어 취미나 직업으로 어린 시절의 그 일로 되돌아가 성공한 사람이 되었다.”

여러분의 경력은 어떤가? 그 목록은 무엇을 말하고 있는가?
여러분이 가졌던 과거의 직업에서 했던 일, 사람들, 회사 등에
대하여 각각 어떻게 느꼈는지 간단히 요점만 적어라. 그 일 중
어떤 부분이 여러분을 신나게 했는가? 어떤 부분을 좋아하지
않았는가? 별안간 중도에 나타난 어떤 특성이 지금까지 계속
되고 있는 것이 있는가?

그것이 아마 어린 시절 몰두했던 일일지도 모른다. 앞에서
말한 목공예를 하고 있는 후배의 예처럼, 여러분의 과거의 일
의 경험에서 그것이 자신도 모르는 사이에 불쑥불쑥 솟아오른
것을 느낄지도 모른다. 이 〈실습〉을 통해 자신의 일을 찾아라.

“당신이 하기를 좋아하지 않는 한, 할 일은 아무것도 없다.”
─잭 레티그(Jack Retig)

어떤 것에 흥미나 관심이 있는가?

일 그 자체는 부정이니, 불만이니, 짜증이니 하는 것을 갖고

있지 않다. 어떤 일이든지, 일 그 자체는 순수하다. 하지만, 그 일만 대하면 어쩐지 짜증이 나고, 나도 모르게 불쑥불쑥 화가 나는 일이 있다. 또한 어떤 일은 밥을 먹지 않아도, 잠을 자지 않아도, 돈이 되지 않아도, 즐겁고 재미있다. 직업 찾기의 궁극적인 목표는 여러분이 즐길 수 있는 일을 찾는 것이다. 그리고 즐겁게 일한 여러분에게 누군가 그 대가를 지불해줄 곳을 찾는 것이 직장이다.

이 세상에는 수많은 직업이 있다. 그 직업 중 자기가 즐겁게 일할 수 있는 곳을 찾는 것이 직장 찾기의 첫 번째 일이다. 직장 찾기는 여러분의 흥미나 관심을 간과하지 않는 것이 아주 중요하다. 그런 일을 해야만 날마다 일이 여러분의 관심과 합해지면서 여러분을 더욱 즐겁게 만들기 때문이다.

만일 여러분이 길거리를 다니기를 싫어한다면 판매직이나 영업직에서 일하는 것은 신나지 않을 것이다. 만일 여러분이 하루 종일 컴퓨터에 앉아서 일하는 것이 짜증나서 컴퓨터를 자주 꺼버린다면, 아무리 돈을 많이 받더라도 웹디자인 일이 최선의 선택이 아닐지도 모른다.

물론 오늘날은 돈이 지배하는 세상이다. 하지만, 돈의 매력이 싫어하는 일을 하는 것과 좋은 직업에서 일하고 있는 것을 즐겁게 만들지는 못한다. 내 친구는 "직업은 당신의 삶이지, 패션쇼가 아니다."라고 말한다. 패션쇼는 여러 번 옷을 갈아 입을 수 있지만, 직업은 단 한 번뿐인 삶 그 자체라는 뜻이다. 대부분의 직업은,

* 육체적(실제적)-손으로 일하기
* 교역적(기능)-기능으로 일하기
* 과학적(기술적)-아이디어와 지능으로 일하기
* 창조적-자아표현을 요구하기
* 사회적-사람을 돕는 일하기
* 사업적-사람들과 함께 일하기
* 정보 경영적-데이터와 세밀한 것으로 일하기

등으로 나눌 수 있다. 다음 연습은 여러분이 갖고 있는 관심과 흥미를 찾는데 도움이 될지도 모른다.

〈실습〉 흥미와 관심 찾기

여러분이 즐거운 직업을 찾으려면 먼저 여러분 자신의 흥미와 관심을 찾아야 한다. 사람은 누구나 자기의 흥미와 관심을 즐기고 싶어 한다.

내가 처음 바둑을 배우던 시절, 자려고 누우면 흑백의 바둑돌이 천장의 무늬 사이를 왔다 갔다 했고, 바둑을 두다보면 밥을 먹었는지, 누가 찾아왔는지, 무슨 이야기를 하는지, 지금이 몇 시인지 상관이 없었다. 바둑만 두면 즐겁고, 신이 났다. 부모님들은 나보고 바둑에 미쳤다고 했다.

그렇다. 그런 직업을 찾는다면, 그런 일을 지금 하고 있다면, 여러분은 절로 신이 날 것이다. 신이 나고 미쳐서 할 수 있는 일, 그런 일을 찾는 첫 번째가 여러분의 흥미와 관심을 찾는 것이다.

＊ 컴퓨터 화면에서 창조되는 아이디이가 여러분을 흥분시키는가?

＊ 자연의 신선한 공기 속에서 활동하는 것이 더 흥미로운가?

＊ 다른 사람을 놀라게 하는 이벤트가 즐거운가?

＊ 하루 종일 도서실에 앉아 책을 읽고 조사하는 것이 즐거운가?

* 책을 읽고, 글을 쓰는 것이 즐거운가?
* 어린이들을 다루는 것이 즐거운가?
* 새로운 사람을 만나는 것이 즐거운가?
* 나이든 사람들과 지내는 것은 어떤가?
* 여러분은 자신의 사업체를 바라고 있을지도 모른다.
  만일 그렇다면 어떤 일을 할 것인가?

날마다 여러분이 기본적으로 하는 일 중에서 즐거움을 느끼는 일의 종류를 일지에 써라. 여러분이 갖고 있는 관심과 흥미를 찾았다면 가장 즐겁게 만드는 것이 무엇인지 명백한 그림을 그리기 위해서 여러분의 개성을 파악해야 한다. 그 목적지가 바로 여러분에게 행복을 만들어줄 일이라는 것을 기억하라. 단 하나라도 '그저 스쳐지나가지' 않게 하라.

일지에 답을 써라.

여러분이 필요로 하는 것은 무엇인가? 행복과 성취를 느끼기 위해 어떤 일의 경험이 필요한가? 여러분은 중요한 도전을 갖고 있는가? 안전, 기회, 소득 수준은 어느 정도를 원하는가?

우리는 나중에 좀 더 세밀하게 자신의 가치를 탐험하게 될 것이다. 하지만, 지금은 여러분이 할 수 있는 최선을 다해 질문에 대답하라.

 * 자신의 능력은 무엇인가?
 * 자연스럽게 잘하는 것은 무엇인가?
 * 적성은 무엇인가?
 * 무엇을 쉽게 배우는가?
 * 육체적인 활동력은 어느 정도인가?

질문에 답하는데 도움이 될 수 있도록 과거로 돌아가서 생각하라. 여러분이 좋아했던 일은 무엇인가? 그들의 강점은 무엇인가?

개인적 틀을 찾아라.

여러분은 지금 개인적 틀(윤곽)을 찾으려고 준비하고 있다. 여러분의 일지에 다음 내용의 목록을 만들어라.

 * 가장 흥미를 가진 것 세 가지

* 가장 잘하는 기술과 능력 세 가지
* 가장 최고인 개성적 성격 세 가지

틀을 완성했다면 여러분의 요구와 가장 가깝게 일치하는 일의 종류를 목록으로 만들 수 있다. 여러분의 틀이 어떤 특별한 일에 만족하고 있다면 여러분은 그 일을 하는 것이 행복하게 보일 것이다.

후배 중 한 사람은 이 연습을 마치고도 자신이 어떤 흥미를 갖고 있는지 찾지 못했다. 하지만, 위의 내용—흥미, 기술, 필요와 개성, 조화—을 시도하면서 자신의 새로운 직업을 개발할 수 있었다.

O씨 이야기

그는 S그룹 경리과에서 근무하고 있었다. 하지만, 자기 일에 흥미를 잃어 일찍 퇴직한 뒤 새로운 직업으로는 아주 비전문적인 일을 하고 싶어 했다. 그는 이 연습을 시도하면서 자기의 이상적인 직업을 결심할 몇 가지 구성요소를 확인했다.

그는 모험을 좋아했고, 다른 사람과 사귀기를 좋아했고, 자리를 깔면 언제나 리더가 되어 사람들을 이끄는 타입이었다. 그는 자기 특기를 더욱 살리기 위해 코칭기술을 가르쳐주는 학원에 등록하여 자기만의 기술을 확장해갔다. 그는 그 일이 재미있어 더욱 도전해갔다. 그러자 자신의 천성과 노력의 성과로 더욱 돋보이는 존재로 성장해갔다.

어느 날, 평소 알고 지내던 친지로부터 자기 회사의 세일즈맨 교육프로그램을 맡아달라는 요청이 들어왔다. 그는 그 천재일우의 기회를 놓칠 리가 없었다. 그 프로그램은 큰 성공을 거두었고, 입소문에 의해 지금은 몸이 열 개라도 부족할 정도로 활동하고 있다. 그는 언제나 활기에 차 있고, 얼굴에는 웃음이 떠나지 않고 있다.

새 직업으로 옮길 때

새로운 직업으로 쉽게 옮겨 타는 좋은 방법 중 하나는 자원봉사를 이용하는 것이다. 그 일이 자신에게 맞는지 점검할 수도 있고, 그 만큼 시행착오도 줄일 수 있기 때문이다. 대학의 인턴십도 그런 맥락의 하나라고 생각된다. 그 일이 적성에 맞을 때는 연수기간을 줄일 수 있고, 적성에 맞지 않을 때는 금방 다른 일로 돌아설 수 있기 때문이다.

여러분은 지금 직업을 바꾸려고 생각하고 있다. 예전 사람들은 일이 '삶을 위한 전부'라고 가르쳐왔다. 하지만, 오늘날 젊은이들은 종종 다른 직업으로 쉽게 전환한다. 실제로 최근의 연구는 자기 적성과 맞지 않는 직업에 오랫동안 종사하는 것이 오히려 문제라고 폭로하고 있다.

고용주들은 계속 똑같은 장소에서 일하고 있기 때문에 젊은이들의 이런 생각을 이상하게 생각한다. 요즘 젊은이들은 배가 부르기 때문이라고 혹평하기도 한다. 하지만, 평생직장이라는 개념이 사라진 오늘날 세태에서 직장인만을 욕할 수는 없다.

직장의 톱클래스들은 거의 2년마다 직장을 옮기는 것이 다반사이다. 최장기로 머무는 톱클래스들이라 해도 5년을 넘지 않는다. 물론 더 좋은 보상을 얻으려고 이동한다. 어느 회사는 톱클래스 직장인 배출대(輩出隊)라는 닉네임(?)을 갖고 있을 정도이다.

찾고 있는 직장을 찾았을 때 얼마나 머물지, 얼마나 기대감을 갖고 있는지를 인턴으로 일하고 있는 총명한 대학졸업자에게 물어본 적이 있다. "3년"이라고 한 여학생은 주저 없이 대답했다. 하지만, 다른 남학생은, "난 아니에요. 내가 좀 더 좋은 곳으로 이동하기 전 약 2년 정도만 일할 계획입니다." 라고 말했다. 분명히 평생직장이라는, 30년 이상 일하겠다는 생각은 없는 것이다.

전에 나는 대기업의 중역으로 재직 중인 친구에게 물어본 적이 있다. 그의 대답은 더 쇼킹했다. 그는 "솔직하게 말해서, 2년 동안만 자신의 모든 능력을 발휘할 수 있는 사람을 발견할 수 있어도 나는 행복하겠네."라고 했다.

P씨 이야기

P씨는 자기가 하는 일을 더 즐겁게 하고 싶어 하는 총명하고 활기찬 여성이다. 그녀는 텔레마케팅 회사의 팀장으로 일하면서 꽤 많은 봉급을 받고 있었다. 그녀는 수입이 많기 때문에 자기 인생이 행복하다고 생각해왔다. 그러면서도 한편으로는 그 일이 자기가 원하는 것의 다가 아니라는 생각이 이따금씩 떠오르곤 했다.

그녀는 자신의 '흥미와 개인적 틀 찾기'를 시도한 뒤, 자신의 흥미와 능력의 대부분이 활용되고 있지 않다는 것을 깨달았다. 하루 종일 회사에서 세일 일을 하고 나서 집에 돌아와 몇 시간씩 인터넷 쇼핑을 하거나 인터넷 서핑을 하고 있는 자신을 발견한 것이다. 그녀는 진실로 좋아하는 것이 컴퓨터 일이라는 것을 알았다. 그녀는 어려서부터 컴퓨터를 다뤄왔기 때문에 언제나 컴퓨터 일은 자신만만하고 쉽게 배울 수 있었다.

그 실습을 시도하는 동안, 그녀는 대학을 다닐 때 자원봉사로 학생교사를 한 기억이 떠올랐다. 그녀는 가르치는 일이 즐거웠고, 학생들을 돌보는 것이 아주 좋게 느껴졌다. 그녀가 이 과정을 통해서 배운 것은 현재 성공한 텔레마케팅의 팀장을 하고 있지만, 컴퓨터 일도 즐겁고, 쉽게 새로운 기술을 익힐 수 있다는 것이었다. 그녀는 아주 중요한 점을 깨달았다. 그녀는 일 속에서 진실로 행복을 느낄 수 있도록, 그리고 성취를 느낄 수 있도록 주변 사람들을 돕는 뭔가를 해야겠다고 생각했다.

그뒤 그녀는 회사의 H.R. 시간에 회사의 웹사이트 부분에서 컴퓨터 트레이너의 기술을 이수했다. 그리고 회사 동료들의 컴퓨터 트레이너로서 활동하게 되었다. 그녀는 회사에서 봉급 외에 보너스도 더 받게 되었다. 자기 직장환경도 잃지 않고, 자기 재능을 마음껏 발휘할 수 있는 두 가지 결과를 다 얻었다. 말 그대로 '도랑치고 가재 잡은' 그녀는 이제 회사 나가는 것이 신나고, 정말로 행복하다고 말한다.

우리들은 새로운 직장을 찾기 전에 P씨의 예처럼 몇 년 동안 일해 온 회사에서 신나게 일할 수 있는 방법을 찾을 수도 있다. 생각지도 않은 보너스로 월급을 올릴 수도 있다. 회사에서 주는 급료란 신나게 더 많은 일을 하는 사람에게 더 주는 것이 당연한 것이 아닌가?

일을 즐겨라.

맡은 일은 즐겁고 신나게 하라.
일을 사랑하고 즐기는 사람은
행복하고 건강하다.

일하는 즐거움을 단련하라.
일을 즐겁게 하면 하루하루가 즐겁고
성공적인 인생이 펼쳐진다.

항상 의욕과 자신감을 가져라.
일하는 즐거움에 빠지면
새로운 의욕은 저절로 솟아난다.

일에 대한 철학을 가져라.

자신감을 갖고, 존중하고, 긍정적인 태도와 꿈을 가져라.

누구나 일하는 즐거움을 누릴 권리와

그럴 만한 능력을 갖고 있다.

성공을 꿈꿔라.

성공을 꿈꾸는 사람은 모두 일을 즐길 줄 안다.

일하는 즐거움은 부와 성공을 찾아내는 열쇠이다.

−데니스 워틀레이(Denis Watley)

4. 정말로 잘 하는 것은
무엇인가?

"'당신은 화가가 아니야.'란 말을 듣는다면 온 정력을 다해서
더 그려라. 그러면 그 목소리가 침묵할 것이다."
－빈센트 반 고흐(Vincent Van Gogh)

　　자신을 안다는 것은 미래를 만들 수 있는 가장 멋진 투자 중 하나이다. 지금 자신이 필요로 하는 것, 바람이나 갈망을 이해하면 할수록 여러분은 삶을 더욱 멋지게 디자인할 수 있다. 그것은 자신이 필요로 하는 것을 기초로 하여 결단을 내리는 일을 쉽게 할 수 있을 것이고, 여러분을 더욱 행복하게 해주고, 더욱 성취를 느낄 수 있는 방향으로 갈 수 있도록 선택할 수 있게 할 것이다.

　많은 사람들은 자신이 매우 불행하다고 생각하고 있는데, 그 이유 중 하나는 자신이 원하는 것이 무엇인지 모르고 있기 때문이다. 세미나에 초청받을 때마다 나는 자주 청중들에게,

"여러분이 원하는 것이 무엇이지요?"라고 묻는다. 그러면 거의 대부분의 사람들은 즉석에서 대답하지 못한다. 그만큼 자신이 원하는 것이 무엇인지, 확고한 신념도 없이 살아가고 있다는 것을 반증하는 것 같아 놀라움을 금치 못한다.

우리는 앞으로 더 상세히 이것에 대해 탐구하겠지만, 지금부터라도 여러분이 원하는 것이 무엇인지 생각하기 바란다. 그리고 여러분의 일지에 그 요점을 적어라. 만일 우리가 그것을 확인하기 위한 시간을 투자하지 않는다면 꿈꾸는 삶을 영원히 만들 수 없기 때문이다.

자기 기술을 확인하라.

자신이 갖고 있는 기술을 확인하라. 자신이 필요로 하는 것과 바라는 것을 목록으로 적어라. 여러분이 자신에게 붙인 브랜드를 보라. 여러분은 자신을 어떻게 생각하고 있는가? 여러분은 자신을 고급품이라고 생각하는가, 저급품이라고 생각하는가? 여러분은 좋은 기술을 갖고 있다고 생각하는가, 아니면 보잘 것 없다고 생각하는가? 여러분은 똑똑하다고 생각하는가, 멍청이라고 생각하는가?

어떤 유명한 조각가 있었다. 그에게는 아주 못생기고, 말썽만 저지르는 아들이 있었다. 어느 날 그 조각가는 온 정력을 기울여 일생일대의 최고의 걸작을 만들었다. 자신이 생각해도 최고의 걸작이었다.

그날 밤 그의 집에 도둑이 들었다. 그 도둑이 조각가한테 말했다.

"선생, 이 집에서 가장 값나가는 것은 이 조각품이고, 가장 값나가지 않는 것은 저 녀석 같은데. 내가 어느 것을 가져가면 좋겠소?"

조각가가 말했다.

"저는 쓸모없는 인간입니다. 도둑 선생은 귀한 분이시니 저 귀중한 조각품을 가져가시고, 쓸모없는 아들 녀석은 저한테 주시지요."

이 이야기의 주제를 알겠는가? 그렇다. 그 조각가한테 최고의 걸작품은 조각이 아니라, 아들이다. 여러분은 모두 특별한 가치를 갖고 있는 중요한 존재이다. 이 세상에 60억이 넘는 사람이 살고 있지만, 여러분과 똑같은 존재는 단 한 명도 없다.

이 말은 여러분의 가치는 여러분만의 것이라는 뜻이다. 어느 것으로도 대치할 수 없는 가장 고귀한 존재이다. 여러분의 가치를 선물로서 포용하라. 여러분이 갖고 있는 정열을 축복하라. 신앙처럼 끌고 다니던 주변의 저주나 속박에서 벗어나라.

간단하게 들릴지 모르지만, 이 첫걸음은 아주 중요하다. 숲 안에 있을 때는 전체의 그림을 보기가 어렵다. 연극처럼 자신을 객관적으로 바라보는 것이 여러분의 번영을 넓히고, 미지의 바다에 닻을 내릴 수 있는 첩경이 된다.

개성을 확인하라.

여러분이 다른 누군가처럼 되려고 직업을 선택할 때 개인적 특성을 알아두는 것은 매우 중요하다. 예를 들면, 여러분이 소심한 성격을 가졌다면 많은 대중 앞에서 연설하는 일을 하는 것은 최선의 선택이 아닐지도 모른다. 여러분의 개인적 특성을 잘 확인하기 위해 다음 질문에 대답해보라.

여러분 자신을 기술하는데 어떤 단어들을 사용하고 있는가? 또한 여러분의 친구, 가족, 동료들은 여러분에게 어떤 단

어들을 사용하고 있는가? 내가 아는 후배 K의 목록에는 다음
과 같은 단어들이 나타났다. 모험, 관심, 확신, 열심, 유머, 상
상, 외향적, 시간엄수, 강함, 신중함, 이해와 위트…등등.

자기 가치를 찾아라.

여러분은 '성공' 이라는
것을 어떻게 생각하는가?
성공이란 하나가 아니다.
길 한복판에 서서 지나가
는 사람에게 "당신은 어떤
성공을 바라십니까?" 하고 물
어보라. 사람마다 바라는 성공이
모두 다 다르다. 어떤 사람은 돈을 많이
버는 것이 성공이라고 생각할 것이고, 어떤 사람은 행복하게
사는 것, 또 어떤 사람은 출세하는 것, 또 다른 사람은 예쁜 연
인을 만나는 것 등등 각자 생각하는 것이 다 다르다.

여러분이 생각하는 성공이 어떤 것인지는 몰라도 가정을 희
생하고, 친구를 희생해서 얻은 '성공' 이 과연 가치가 있을까?

여러분 때문에 가정이나 친구, 친지들이 고통을 당한다면 그것도 성공이라고 할 수 있을까? 나의 성공이 가정과 이웃과, 더 나아가서는 사회에 이바지하는 것이 아니라면 성공이라고 말할 수 없다.

그러므로 내가 좋아하는 일이고, 정열을 가졌다는 목록이 나왔다 하더라도, 그것이 곧바로 성공으로 가는 길은 아니라는 것이다. 가치의 문제가 대두된다. 그 일이 가치가 있는 일이냐, 아니냐가 관건이 된다. 가치는 목적을 수반한다. 옳은 목적을 지향할 때는 가치가 크다. 하지만, 옳지 못한 일을 할 때는 가치가 없다. 다시 말하면, 나보다는 가정을 위해서 일할 때, 가정보다는 사회를 위해서 일할 때, 사회보다는 국가를 위해서 일할 때 가치가 크다. 다시 말해서 기여도(寄與度)가 따른다.

내가 좋아하는 일이고, 정열을 가진 일이라는 목록이 나왔다면, 그 다음은 직업적 기여도가 따른다. 성공으로 가는 길은 재창조를 위한 시간과 정신적인 성장을 위한 지속적인 트레이닝이 요구된다. 또한 삶을 위해 중요한 것을 배워야 하고, 경제적으로 보탬이 되어야 한다. 그리고 성공에 대한 마지막 구성은 공동체에 영향을 줄 수 있어야 한다.

우리가 살아가고 있는 지구는 단 하나뿐이다. 이 단 하나뿐인 지구에 태어난 이상, 지구에 뭔가를 남기고 가야 한다. 이 지구상에 영향을 남겨야 한다. 어제와 다른 내일을 만들 수 있도록, 그리고 앞으로 이 지구를 물려받아야 할 미래의 후손을 위해서 우리는 영향을 주어야 한다.

가치는 여러분에게 그런 것을 가져다준다. 가치는 여러분의 삶을 안내하는 힘이다. 불행과 좌절은 그 사람의 가치가 그의 삶과 충돌할 때 일어난다. 이것은 자기의 내적인 가치와 반대되는 일을 하고 있는 많은 사람들의 직업에서 잘 나타난다. 사람들은 자신이 생각하고 있는 가치 있는 일과 현재 다니고 있는 직장의 일이 맞지 않으면 불행하다고 생각한다.

예를 들어, 안전한 생활이 여러분의 가치의 하나이라면 여러분은 새로운 사업으로 뛰어드는 것을 망설이게 될 것이다. 반면에 모험이나 도전을 큰 가치로 생각한다면 여러분은 과감히 새로운 사업으로 뛰어들 것이다. 이런 사람이 미래 대기업의 사장이 될지도 모른다.

여러분의 가장 큰 가치를 확인하는 손쉬운 방법은 다음과 같은 질문을 스스로 던져보는 것이다. "인생에서 가장 중요한 것은 무엇인가?" 만일 여러분이 직장에서 가장 큰 가치를 찾고 싶다면 여러분은 질문을 고쳐서 "직장에서 가장 중요한 것은 무엇인가?"라고 물어보면 된다.

이 간단한 안내를 이용하면 다른 사람들과 교제하는 여러분 자신의 개인적 관계와 능력에 커다란 효과를 줄 수 있다. 예들 들어, '나는 가정이 가장 큰 가치의 하나이다.' 라고 생각하는 사람이 있다면, 그리고 그 사람을 신입사원으로 채용하고 싶다면 우리는 그에게 가정이 편안하도록 만들어주면 될 것이다. 또한 '나의 가장 큰 가치는 지위나 돈이다.' 라고 생각하는 사람을 채용하고 싶다면 회사는 그에게 될 수 있는 대로 승진과 경제적 이득을 주면 될 것이다.

그 사람의 가장 큰 가치를 안다는 것은 그들과 교제하는데 커다란 이득을 가져오게 한다. 그리고 더 효과적인 교제를 이끌어낼 수도 있다.

'다른 사람과 빨리 사귀고 싶다면 그 사람이 잘 아는 것을 질문하라.' 라고 카네기는 충고한다. 사람은 자기가 아는 것을 말하기 좋아하고, 자기 관심사에 관심을 가져주는 사람에게 쉽게 호감을 느낀다는 것이다.

여러분은 어떤가?

여러분은 자신의 성공의 모델이 무엇이라고 생각하고 있는가? 여러분은 어떤 영역이 가장 중요하다고 생각하는가? 아이들이나, 가정이나, 공동체인가?

날마다 얼마나 많은 시간을, 정신적인 훈련, 직장, 가정, 건강 등에 사용하고 있는지 평가해보라. 그리고 여러분 자신의 성공적인 인생을 만들기 위해 지원해야 할 내용들을 개발해보라.

여러분의 가치는 무엇인가? '여러분의 인생에서 가장 중요한 것은 무엇인가?' 라는 질문을 받는다면, 무엇이라고 대답할까? 아마 안전한 생활, 사랑, 돈, 가정, 도전, 동정, 희생, 정직, 정신적인 평안 등등 많은 것들을 포함한 목록을 만들어낼 수 있을 것이다. 여러분이 그런 목록을 작성했다면 그 목록에서 가장 중요한 것부터 널 중요한 것까지 우선순위를 매길 수 있을 것이다.

예를 들면, 돈보다 더 중요한 것이 안전한 생활인가? 가정은 어떤가? 도전보다 더 중요한 것이 가정인가? 안전한 생활보다 더 중요한 것이 사랑인가? 안전한 생활보다 더 중요한 것이 돈인가? 등등. 그리고 여러분이 가장 중요하다고 생각하는 것이 가치가 높은 것을 선택할수록 여러분은 가치의 질서 속에서 더 높은 등급이 될 것이다.

여러분 스스로 가치의 순서를 이해함으로써 "여러분은 순간마다 무엇을 만들고 있는지" 이해할 수 있다. 여러분은 지금 이 순간, 모든 사람들보다 더 좋은 가치를 선택할 수 있는 자리에 있다. 여러분의 참된 필요를 양육할 수 있는 선택을 할 수 있다. 선택을 잘하면 결과적으로 여러분은 다른 사람보다 더 행복하고, 더 만족하게 될 것이다.

여러분이 "나는 이런 등급의 가치를 가진 사람이다."라는 것을 알 수 있다면 여러분은 자신의 필요와 가치를 평가하여 더 번영된 일을 가질 수 있을 것이다. 또한 여러분은 이 목록을 이용하여 여러분의 개인적 필요에 보탬이 되는 사람을 찾을 수도 있다. 현재 우리나라 직업 분류상 1만 종 이상의 직업이 있다는 것을 항상 염두에 두어라.

L씨 이야기

그는 대기업의 방계회사인 판매회사의 매니저로 앞날이 촉망되는 사원이었다. 그는 이 시도를 통하여 참된 갈망과 가치의 핵심에 대해서 중요한 것을 배웠다. 그의 목록에는 '헌신' 이라는 단어 하나가 더 보태졌다. 그의 목록은 대부분 가정, 사랑, 지위, 도전, 돈, 안전한 생활 등이 들어 있었다.

이 목록을 통해서 그는 자신이 언제나 사람들의 삶에 직접적인 영향을 미치는 직업을 더 좋아한다는 것을 느꼈다. 돈을 적게 벌더라도 안전한 생활이 더 좋다고 생각했다. 그는 돈은 많이 벌지만, 판촉업무 때문에 지방에 가서 생활하는 기간이 길었다. 거기에서는 자기의 필요를 만날 수 없다는 것을 깨달았다. 그래서 비록 돈과 안전한 생활은 그곳에 있지만, 진실한 행복의 의미는 느끼지 못했다.

그는 그 직업을 떠나 봉급은 적지만, 내근할 수 있고, 사람들과 직접 접촉할 수 있는 작은 중소기업의 인사업무담당 자리로

직장을 옮겼다. 그는 그 자리에 만족하고 있었고, 삶이 한층 활기를 띠고 있었다.

그는 이 목록이 자신을 평가하여 삶의 가치를 결정하는데 좋은 도구가 되었다고 말한다. 이 목록이 더 신나고 행복하게 살아가는 선택을 만든 결과가 된 것이다.

"하기 알맞은 일을 찾는 것과 그것을 하기 위한 안전한 기회를 갖는 것이 행복의 열쇠이다."
－존 듀이(John Dewey)

기술과 특성을 찾아라.

특히 직업과 관련해서 사람은 자신이 잘하는 것, 잘 아는 것을 즐기는 것이 인간의 본성이다. 만일 여러분이 어떤 일을 특별히 잘한다고 느낀다면 분명히 그 일을 즐길 것이다. 그러므로 여러분이 가진 기술과 특성이 잘 보낸 시간이라는 것을 확인하기 위해 즐기고 싶을 것이다. 전체적인 기술 분석은 여러분의 미래 직업계획에 비평적인 자료가 되기도 한다.

기술이란 미리 그 일을 배운 자라는 것을 알려줄 뿐만 아니라, 특별한 특성, 재능, 개인적인 역량을 갖추고 있다는 미래 경력의 기초적 요소가 된다.

기술과 능력은 좋아하는 일일수록 영향력이 크고, 그런 기술을 활발하게 이용하여 되풀이 할수록 더 동기부여가 된다. 특별한 기술로 이루어진 성공은 여러분들이 잘하거나 좋아하기 때문에 자아동기부여를 창조한다.

작업 기술이란?

일을 안전하게 유지하는 능력은 단순한 작업 기술 이상을 나타낸다. 직업과 관련된 기술을 더 보태주는 것이 작업 기술이다. 작업 기술이란 직장 내에서 자기 기술을 다른 사람에게 양도하거나 다른 사람에게 기술을 이전받을 때 자신을 다루는 방법을 결정하는 태도이거나, 대처하는 능력을 말한다.

대부분의 사람들은 지기 기술을 남한테 가르쳐주기를 싫어한다. 하지만, 우리는 자기 기술을 남한테 가르쳐주고, 또 나도 다른 사람한테 배워야 한다. 그래야만 직장 내의 기술이 높아진다. 그 기술은 직장의 안과 밖에서 다른 상황을 경험함으로써 배운다. 이런 기술은 한 상황에서 다른 상황으로 쉽게 전환될 수 있다.

예를 들면, 회사 대표를 회사 밖에서 고용하는 것과 같은 예이다. 그가 다른 분야에서 왔다는 사실이 회사를 경영하는 필요하고도 전문적인 기술을 가졌기 때문이라는 것은 부차적이다.

〈실습〉 작업 기술

여러분의 일지에 작업 기술을 나타내는 단어들을 적어라. 여러분의 목록에는 이런 단어들을 포함하는 것이 좋다. 받아들이기, 모험하기, 야망, 관심, 즐거움, 실천, 확신, 기여, 효과, 활기, 공평, 행복, 독립, 통찰력, 좋아하기, 상대적, 질서, 체계화, 의무, 인내, 정밀, 생산적, 반응, 자신감, 신중, 재능, 인내, 진실, 독특성 등등.

양도할 수 있는 기술이란?

여러분의 일지에 전환이 가능한 기술을 나타내는 작업 기술의 목록을 만들어라. 여러분의 목록에는 도움, 코치, 조언, 봉사 같은 사람기술을 포함해도 좋다.

 * 정보기술 : 분석, 계산, 평가, 구성 및 스케줄 등
 * 커뮤니케이션 기술 : 광고, 해석, 프레젠테이션, 말하기, 쓰기 등
 * 창조기술 : 정리정돈, 창조, 디자인, 개발, 보편화, 발명, 생산 등
 * 리더십 기술 : 행정, 협동, 지시, 촉진, 인도, 경영, 동기부여, 계획, 관리 등
 * 기계적(육체적) 기술 : 건설, 설치, 작동, 수선, 서비스 등

여러분이 소유한 직업과 관련된 기술을 고려할 때는 취미나 자원봉사, 또는 전 직장에서 알았던 것까지도 모두 생각하여 확인하라. 실제로 과거에 이용했던 어떤 기술을 알기 위해 과거의 직장을 기술해보는 것도 도움이 될지 모른다.

H씨 이야기

H씨는 수년 동안 은행의 지점장으로 근무하면서 지역 중소기업 사장을 위한 이벤트 및 자금조달을 취급한 경험을 갖고 있었

다. 그는 자기 기술을 평가하는 실습에서 경영적 경험뿐만 아니라, 이벤트 계획에서 이용한 수많은 재능을 발견할 수 있었다.

이 실습을 마친 뒤, 그는 조직의 문제를 해결하기를 좋아하고, 문제를 찾아서 다른 사람을 설득하는 기술을 가진 것을 알았다. 그가 그 기술을 발견했을 때 그 일이 자기만족을 가져오고, 그런 일을 좋아한다는 것을 알았다. 그는 문제해결을 좋아하는 것과 설득하기 등을 체계화할 필요가 있다고 느꼈다.

그는 회사를 퇴직하고, 퇴직금을 자본금으로 하여 현재 안산에서 이벤트회사를 만들어 신나게 뛰어다니고 있다. 힘은 들지만, 즐겁다고 한다.

여러분이 가진 관심, 기술, 재능이 무엇인지, 자연스럽게 다가오는 것이 무엇인지를 발견함으로써 자신만의 독특한 명예를 가질 수 있다. 여러분이 좋아하는 일과 함께 하루 종일 '놀고(?)' 있을 때 일은 이미 일이 아니라, 여러분 존재 자체의 자연스런 연장이 되는 것이다.

5. 성취 전략을 만들어라.

"세상을 알기 원한다면 변화해야 한다."
-모한다스 간디(Mohandas Gandhi)

어느 날 파블로 피카소(Pablo Picasso)가 파리 시내를 걷고 있을 때 그를 알아보는 한 부인이 다가왔다.

"피카소 선생님, 전 선생님의 그림을 참 좋아합니다."

그 여인은 자기소개와 함께 그의 작품에 대해 칭찬을 늘어놓았다. 그리고 덧붙여서,

"저, 선생님, 죄송하지만, 돈을 지불해 드릴 테니 제 초상화를 그려주실 수 있나요?"

하고 물었다.

잠시 망설이던 피카소는 승낙을 했다. 그 여인이 길가에 앉자 피카소는 스케치북과 연필을 갖고 그 여인을 그리기 시작

했다. 지나가던 구경꾼들이 금방 몰려들었지만, 피카소는 스케치를 금방 끝냈다. 그리고 그 그림을 그 여인에게 돌려주면서 말했다.

"5천 프랑입니다."

생각보다 가격이 너무 비싸다고 생각한 부인이 말했다.

"하지만, 선생님. 이 그림은 단지 몇 분만에 그리셨잖아요?"

피카소가 웃으면서 대답했다.

"아닙니다, 부인. 부인이 잘못 아신 것입니다. 나는 전 생애의 시간을 들여서 그린 것입니다."

이 주제는 무엇을 말하고 있는가? 피카소가 그림을 그린 시간은 단 5분에 지나지 않을지 몰라도 오늘 그런 그림을 그릴 수 있는 실력을 얻을 때까지 피카소는 얼마나 많은 시간을 투자했을까? 피카소는 그림에 자신의 일생을 다 바친 것이다. 그러므로 그 5분 속에는 피카소의 전 생애가 있다고 할 수 있지 않을까?

프로가 되어라.

우리가 하는 일 속에는 아무리 단순한 일일지라도 일하는 사람의 모든 에센스가 녹아 있다. 그 사람의 정신적인 면과 육체적인 면이 모두 들어 있다. 그 사람의 정신, 태도, 자세, 지능, 경험, 실력 등 모든 것이 나타난다.

그래서 '삼성'이 만든 물건은 삼성의 창업주인 이병철 씨를 닮았고, '현대'의 제품은 현대의 창업주인 정주영 씨를 닮았다고 한다. 일리가 있는 말이다. 그분들의 기업정신이 연연히 그 기업의 사원들에게 이어져왔을 게 틀림없기 때문이다.

지금 여러분이 하고 있는 일이 단순한 일이라고 생각하지 마라. 여러분을 닮은, 여러분의 분신이라고 생각하라. 그 일이 여러분의 정신, 태도, 자세, 지능, 경험, 실력 등을 폭로하고 있다고 생각하라. 그러므로 여러분은 모두 프로가 되어야 한다.

프로는 변명이 없다. 지기가 한 일에 책임을 져야 한다. 책임을 질 때 마음이 편하고 즐거워진다. 자아확신이 책임을 만든다. 변명은 책임회피이다. 책임회피를 하는 사람은 프로가 될 수 없다.

프로는 일을 쉽게 하는 것처럼 보인다. 그러나 그 사람이 프로가 되기 위해 얼마나 노력해왔는지, 얼마나 트레이닝을 해왔는지 생각해보라. 여러분도 각자가 하는 일에 프로가 된다면 일이 재미있다. 일하는 것이 행복하다고 느낄 수 있다.

"어떤 사람이 거리청소원이라고 한다면 그는 미켈란젤로가 화폭에 물감을 칠한 것처럼, 또는 베토벤이 음악을 작곡한 것처럼, 셰익스피어가 시를 쓴 것처럼 거리를 청소해야 한다. 하늘과 땅의 모든 주인들이 자기 일을 최고로 잘한 위대한 거리청소원이 여기에 살았다고 말할 수 있도록 거리 청소를 해야 한다."
—마르틴 루터 킹 주니어(Martin Luther King, Jr.)

여러분이 하는 일을 미켈란젤로가 그림을 그리듯이, 베토벤이 작곡하듯이, 셰익스피어가 시를 쓰듯이 한다고 생각해본 적이 있는가?

우리들 대부분은 적당히 시간 때우기로 일을 대하고, 일을 처리하고있다. 그것이 행복을 가져다 줄까?

자신은 사라지고 일만 남는다.

만일 여러분이 아주 좋아하는 일을 직장에서 하고 있다면 아마 여러분은 그 일에 프로가 되어 있을 것이다. 여러분의 자세와 태도는 긍정적이 되어 있을 것이다. 아침에 눈을 뜨자마자 '오늘 회사에 나가면 또 어떤 신나는 일이 펼쳐질까?' 하는 궁금증 때문이라도 아침마다 회사에 출근하는 것이 즐거울 것이다.

누누이 말하지만, 무엇보다도 자기가 가장 좋아하는 일을 찾아라. 프로는 자기가 가장 좋아하는 일, 자기가 가장 잘하는 일을 찾은 사람들이다. 사람들은 좋아하는 일이 자기 주변에 없고, 다른 곳에 있다고 생각한다. 다른 사람의 손에 있는 떡이 커 보인다. 눈을 크게 뜨고 바라보라. 여러분 직장 안에서도 가장 좋아하는 일이 있을 수 있다. 다만 여러분이 찾지 못하고 있을 뿐이다. 다른 곳으로만 눈을 돌리지 말고, 먼저 직장 안을 살펴보라. 어떻게 보느냐기 중요하다.

피카소의 또 다른 이야기가 있다. 어떤 기자가 작업에 열중하고 있는 피카소에게 물었다.

"당신의 삶에서 가장 훌륭한 순간은 언제라고 생각합니까?"

그러자 피카소가 담담하게 대답했다.

"지금은 아무것도 묻지 마십시오. 그림을 그리는 동안 나는 일개 화가일 뿐, 당신들이 소문으로 들은 위대한 피카소가 아닙니다. 그리고 더 깊은 순간이 오면 그 때는 이 화가마져 사라지고 없을 것입니다. 그땐 그림만 남겠지요."

똑같은 질문을 위대한 무용가 니진스키(Vaslav Nijinsky)에게도 했다.

"당신의 삶에서 가장 훌륭한 순간은 언제라고 생각합니까?"

니진스키가 대답했다.

"물론 제가 춤추는 시간이지요."

"아하, 그렇군요."

"그런데 그것보다 더 황홀한 순간이 또 있답니다. 그건 춤추는 자가 사라지고, 오직 춤만이 남는 순간일 것입니다. 전 바로 그 순간을 위해 최선을 다한답니다."

이 두 이야기의 주제가 이해되는가? 여러분이 해온 일 중에 자신을 잊어버릴 만큼 집중해서 해본 일이 있는가? 한 번도 그런 적이 없다면 지금 여러분이 하고 있는 일은 그저 일로 남을 뿐이다. 그리고 그 일이 여러분에게 맞는 일인지, 아닌지조차 구분할 수 없는 것이다. 그런데도 여러분은 그 일이 자신에게 맞지 않는다고 불평만 하고 있는 것은 아닌가?

그것은 피카소나 니진스키에게만 해당하는 말인가? 여러분의 일은 최고 걸작품이 아니라, 하찮은 일이기 때문에 그렇게 생각해서는 안 되는 것인가? 그러면 여러분은 그렇게 하찮은 존재인가? 정말로 그런가? 그렇지 않다.

피카소나 니진스키나 베토벤이나 셰익스피어나 여러분과 똑같다. 그들의 가치가 아무리 높다하더라도 여러분 자신을 대신할 가치는 없다. 그들이 최고의 가치를 가진 존재라면 여러분 또한 최고의 가치를 가진 존재이다. 다만, 우리는 행동을 못하고 있을 뿐이다. 우리의 가치를 끌어내지 못하고 있을 뿐이다. 그 가치를 끌어내 최고로 꽃피워라.

트레이닝은 과정이다.

우리는 하찮은 존재가 아니다. 다만, 각자 자신의 존재가치를 끌어내지 못했기 때문에 스스로 하찮은 존재로 전락해버린

것뿐이다. 우리는 각자 높은 가치의 자신을 되찾아야 한다. 높은 가치를 되찾는 지름길이 좋아하는 일을 찾는 것이다. 그러면 좋아하는 일을 찾았다고 금방 높은 가치가 만들어질까? 결코 아니다. 좋아하는 일을 찾았다면 그 일에 프로가 되어야 한다. 프로가 되기 위해서는 과정이 필요하다. 그 과정이 트레이닝이다.

트레이닝은 부단한 연습이 따라야 한다. 화가는 화가가 되기 위한 과정이 있다. 무용가는 무용가가 되기 위한 과정이 있다. 달리기선수는 달리기선수가 되기 위한 과정이 있다. 그 과정이 트레이닝이다.

트레이닝은 인내를 필요로 한다. 트레이닝은 참고 견뎌야 한다. 피나는 노력도 필요하다. 하지만, 좋아하는 일을 하기 위한 트레이닝은 즐겁다. 물론 트레이닝은 여러분들을 때로는 지치게 만들기도 하겠지만, 하기 싫은 일에 얽매여 있는 것보다는 한결 부드럽다.

우리에게 필요한 것은 큰 것이 아니라, 아주 작은 것이다. 그것이 이기는 강점이다. 경마에서 이기는 말은 5마리, 10마리 중에서 이긴다. 여러분은 승리한 말이 다른 말보다 5배 내지 10배 빠르다고 생각하는가? 물론 아니다. 그 말은 단지 코앞 정도로 아주 조금 빠를 뿐이다. 하지만, 보답은 다섯 배, 열 배 이상 더 크다.

공평한가? 누가 관심을 가질까? 그것은 상관없다. 그것이 경기 규칙이다. 그것이 바로 경기 운영방식이다. 우리 인생도 그와 똑같다. 성취한 사람이 실패한 사람보다 10배 총명한 것이 아니다. 그들은 그저 코앞만큼 더 낫지만, 보답은 10배 이상 더 받는다.

자신이 지향하는 영역에서 1,000% 향상할 필요는 없다. 우리가 필요한 것은 1,000% 중에서 1%를 향상하는 일이다. 그것은 아주 쉬운 일이다. 그것이 이기는 강점이다.

생각은 가장 위대한 선물

이 세상의 모든 생물 가운데 인간은 육체적으로 이 세상에서 가장 허약하다. 새처럼 날 수도 없고, 모기 같은 작은 곤충 때문에 죽을 수도 있고, 기린처럼 빨리 달릴 수도 없고, 독수리 같은 눈도 갖지 못했으며, 표범 같은 이빨이나 턱도 갖지 못했다. 육체적으로 인간은 무기력하고, 방어력도 없다.

하지만, 자연은 이성적이고 친절하다. 인간에게 준 자연의 가장 큰 선물은 '생각하는 능력' 이다. 인간은 자신을 위한 환경을 창조할 수 있지만, 동물은 적응한다. 그런데 불행하게도, 아주 소수만이 가장 큰 선물인 생각하는 능력을 잠재력으로 이용할 뿐이다.

실패한 사람들을 연구해보면 두 종류가 있다. 하나는 전혀 생각하지 않는 사람이고, 또 하나는 전혀 생각하지 않을 것을 생각하는 사람이다. 생각하는 능력을 이용하지 않고, 인생을 살아가는 사람은 목표 없이 총을 쏘는 사람과 같다.

삶은 뷔페식당과 같다. 여러분은 접시를 들고, 음식을 선택하고, 다른 끝에서 지불한다. 여러분이 기꺼이 지불할 수 있는 가격만큼은 원하는 것을 무엇이나 먹을 수 있다. 뷔페식당에서 봉사 받기를 기다리고 있다면 영원히 기다려야할 것이다. 삶은 이와 같은 것이다. 우리는 먼저 선택하고, 돈을 지불해야 한다.

삶은 선택으로 가득 차 있다.

1. 우리의 삶은 선택이다.

우리가 과식했다면 과체중을 선택한 것이다. 과음했다면 그 다음 날 두통을 선택한 것이다. 음주운전을 했다면 사고로 누군가를 죽이거나 죽음을 당할 위험을 선택한 것이다. 사람들을 냉대했다면 냉대가 돌아올 것을 선택한 것이다. 다른 사람에게 관심을 갖지 않았다면 다른 사람에게 관심을 받지 못할 것을 선택한 것이다.

선택은 동시성이다. 선택은 자유이지만, 선택하고 나면 그 선택이 우리를 지배한다. 선택은 자신의 소유물이다. 인생은 자기가 원하는 대로 빚을 수 있는 도기장이와 같다. 질그릇을 만들든, 고급 청자를 만들든 도기장이의 생각대로이다. 도기장이와 마찬가지로 우리도 어떤 형태로든 원하는 대로 자신의 인생을 빚을 수 있다.

2. 환경을 바꾸는 일을 선택할 수 있다.

삶은 화려한 파티와 즐거움만 있는 것이 아니다. 고통과 절망도 있다. 생각지도 않은 일이 일어난다. 마치 사인커브와 마찬가지로, 때때로 만사가 올라가거나 내려간다. 불행한 일이 착한 사람들에게도 닥쳐온다. 어떤 일은 통제를 벗어나 물리적으로 불가항력적인 결점만 낳는다.

먼저 우리는 자기 부모를 선택할 수 없고, 환경을 선택할 수 없다. 여러분 마음대로 부모를 선택하고, 환경을 선택하라면 어떤 부모와 어떤 환경을 선택할까? 누구나 좋은 부모와 좋은 환경을 바랄 것이다. 그런데 운명의 공이 여러분에게 잘못된 부모와 불행한 환경으로 튀었다면 미안하지만, 우리는 여기서 무엇을 해야 할까? 울고 앉아서 신세타령만 해야 할까? 그것은 우리가 만들어야 할 선택이다.

선택은 무지개를 창조하는 비와 햇빛, 두 가지를 다 갖고 있다. 우리의 삶도 똑같다. 행복과 불행, 어둠과 빛이 있다. 만일 우리가 역경을 지배한다면 그것은 우리를 강하게 만들 것이다. 인생에서 일어나는 모든 사건을 지배할 수 없지만, 그들을 어떻게 다루어야 할지는 지배할 수 있다.

성취를 만드는 속성

1. 불타는 갈망이 성취를 만든다.

성취를 이루는 것은 목적을 이루려는 불타는 갈망이다. 나폴레옹 힐(Napoleon Hill)은 "사람의 정신은 무엇을 확신하고 믿으면 그것은 반드시 이루어진다."라고 했다.

한 젊은이가 소크라테스에게 성취의 비밀을 물었다. 소크라테스는 그에게 다음 날 아침 강가에서 만나자고 했다. 그들은 강가에서 만났다. 소크라테스가 그 젊은이에게 강을 향해서 함께 걸어가자고 했다. 물이 목에 찼을 때 소크라테스는 젊은이를 잡아서 물속으로 밀어 넣었다. 그 젊은이는 나오려고 애썼지만, 소크라테스는 파랗게 질린 채 허우적거릴 때까지 그를 강하게 붙잡았다. 소크라테스가 그의 머리를 밖으로 당기자, 그 젊은이가 한 첫 번째 행동은 숨을 몰아쉬며 공기를 마시는 일이었다. 소크라테스가 물었다.

"자네가 물속에 있을 때 가장 원했던 것은 무엇인가?"

"공기입니다."

소크라테스가 말했다.

"그것이 바로 성취의 비밀이라네. 자네가 물속에서 공기를 원했던 것과 똑같을 정도로 절박하게 성취를 갈망한다면 자네는 얻을 수 있을 것이네."

그 밖에 다른 비밀은 없다. 불타는 갈망은 모든 성취의 출발점이다. 작은 불이 뜨거운 열을 낼 수 없는 것처럼, 허약한 갈망은 커다란 결과를 만들어낼 수 없다.

2. 실천의 기둥은 성실과 지혜이다.

성실과 지혜는 실천을 만들고 유지하는 두 개의 기둥이다. "성실은 돈을 잃어버릴지라도 실천을 유지하는 것이고, 지혜는 이런 바보 같은 실천을 만들지 않는 것이다."라는 말이 있다. 이 말이 그 의미를 가장 잘 드러내고 있다고 생각한다.

번영과 성취는 사고(思考)와 결단(決斷)의 결과이다. 그것은 어떤 생각이 우리의 삶을 지배해야 할지를 결정하는 일이다. 성취는 우연이 아니다. 그것은 우리의 자세와 태도의 결과물이다.

(가) 이기는 게임은 실천을 필요로 한다.

여러분은 친구들이나 친척들과 함께 고스톱이나 트럼프를 해본 적이 있는가? 게임에는 이기는 게임과 잃지 않는 게임이 있다. 두 게임 사이에는 커다란 차이가 있다. 이기려고 할 때는 열심히 한다. 반면에 잃지 않으려고 할 때는 느슨한 자세로 한다. 잃지 않는 게임은 실패를 피하는 게임이다.

우리는 모두 이기기를 원한다. 하지만, 아주 소수의 사람들은 이기기를 준비하기 위해 대가를 지불한다. 이기는 자의 조건과 실천력이 스스로를 이기게 한다. 이기는 게임을 하려면 영감을 찾아야 한다. 반면에 잃지 않는 게임은 절망을 찾는다.

이상적인 환경이란 존재하지 않는다. 결코 없을 것이다. 어떤 지점에 도달하려고 한다면 아무 곳에서나 닻을 내리거나 올릴 수 없다. 바람과 함께 항해해야 하고, 때때로 바람과 맞서 싸우기도 해야 한다. 어쨌든 우리는 항해를 계속해야만 한다.

새로운 도전은 새로운 잠재력을 계발한다. 대부분의 경주자가 최고로 분발할 때는 부가가치가 아주 작을 때이다. 자기 저장소로 더 깊게 파고 들어갈 때이다. 성공은 성취 속에 있는 것이 아니다. 이루는 과정 속에 있다. 어떤 사람은 질 것이 두려워 아예 시도조차 하지 않는다. 드넓은 바다로 나가는 배는 폭풍의 위험과 맞서야 한다. 하지만, 그것이 두려워 항구에 정박해 있다면 녹슬어 버릴 것이고, 아무것도 이루지 못한다.

(나) 신념이 실천을 인도한다.

편애(偏愛)와 신념은 차이기 있다. 편애는 타협할 수 있지만, 신념은 타협하지 않는다. 편애는 방법을 강제로 만들지만, 신념은 더욱 강한 자가 되게 한다. 신념이 가치를 지니도록 좋은 가치체계를 갖는 것이 중요하다. 각 단계마다 신념이 실천을 인도하기 때문이다.

3. 책임지는 삶을 살아라.

인격을 갖춘 사람은 자기가 한 행위에 책임을 진다. 그들은 스스로 운명을 결정하고 결단한다. 책임진다는 것은 위험을 수반하는 일이며, 때때로 불편한 것을 감수해야 한다. 대부분의 사람들은 책임지기가 싫어 안전지역에 머물러 수동적인 삶을 산다. 그들은 일을 만들기보다 일이 일어나기를 기다리고 살아가다가 표류한다. 책임은 어리석지 않고, 위험에 알맞도록 우리를 인도한다. 책임은 우선순위에 맞는 결단이나 행동을 선택하도록 만든다. 책임 있는 사람은 살아가는 동안, 세상에 빚을 지는 것이 아니라, 세상이 자기한테 빚지도록 만든다.

책임 있는 사람은 잘못을 받아들이고 배운다. 하지만, 결코 배우려 하지 않는 사람도 있다. 잘못을 저지르고 난 뒤 우리는 다음과 같은 세 가지 행위 중 하나를 선택한다.

* 잘못을 무시한다.
* 잘못을 부정한다.
* 잘못에서 배우고 받아들인다.

세 번째 행위는 강한 용기를 필요로 한다. 그것은 위험하지만, 보답이 있다. 그 대신 허약함에 의지한다면 허약함을 극복하기보다 오히려 중심을 허약하게 만들어, 허약함에 둘러싸인 삶을 만들기 시작한다.

4. 열심히 일해야 능력이 개발된다.

성취는 우연히 이루어지는 것이 아니다. 그것은 많은 준비와 투자를 필요로 한다. 모든 사람은 이기기를 좋아한다. 하지만, 이기기 위한 준비에 얼마나 많은 시간과 노력을 쏟고 있을까? 이기기 위한 준비가, 바로 자아희생과 자아훈련이다. 자아희생과 자아훈련은 피나는 노력이 필요하다. 하지만, 그것은 그 누구도 대신할 수 없다. 헨리 포드가 말했다. "힘들게 일하면 일할수록 더 큰 행운을 얻는다."라고.

세상은 즐겁게 일하는 사람들로 가득 차 있다. 어떤 사람은 즐겁게 일하고, 또 어떤 사람은 그들에게 즐겁게 일을 시킨다. 사람은 열심히 일하시 않으면 일할 수 있는 **능력**을 개발한 수 없다. 사전에 앉아 있다고 해서 단어가 머릿속에 제 발로 걸어 들어오지 않는다.

어떤 중역이 잠재적인 후보자를 체크하기 위해 회사를 방문했다. 그는 후보자가 근무하는 곳의 관리자에게 물었다.

"그가 얼마나 당신을 위해 일했습니까?"

관리자가 대답했다.

"사흘입니다."

중역이 물었다.

"그는 당신과 함께 3년 동안 일했다고 말한 것 같은데요."

관리자가 대답했다.

"맞습니다. 하지만, 사흘 동안 일했습니다."

성취는 얼마나 많은 시간을 일했느냐하는 물음에 대한 대답이다. 최고의 음악가는 매일 연습한다. 승자는 오랫동안 열심히 일해 왔기 때문에 승리한 것을 부끄러워할 필요가 없다.

성취는 쉽게 오지 않는다. 우리가 지금 즐기면서 편안하게 사용하고 있는 이기(利器)는 모두 누군가의 힘든 작업의 결과물이다. 어떤 것은 물질적인 것이고, 어떤 것은 정신적인 것이다. 하지만, 둘 다 똑같이 중요하다.

어떤 사람은 직장을 얻자마자 일하기를 멈춘다. 고비용의 세상임에도 불구하고 일하기를 즐기는 사람을 찾기가 힘들다.

많은 사람들은 게으른 시간과 휴식시간의 차이를 이해하지 못한다. 게으른 시간은 낭비하거나 도둑맞는 시간의 총합이지만, 휴식시간은 벌어들이는 시간이다. 늦장부리기는 일하지 않은 것의 총합이다.

우수성은 행운이 아니다. 그것은 많은 힘든 작업과 연습의 결과이다. 힘든 작업과 연습은 여러분이 어떤 분야의 일을 하든지 더 우수한 사람을 만든다.

힘든 일은 시작과 끝이 있다. 더 힘들게 일하는 사람일수록 더 좋은 것을 느낀다. 그리고 더 좋게 느끼는 사람일수록 더 힘든 일을 한다. 최고의 아이디어는 아이디어로 일하지 않는 한 움직이지 않는다. 의지력과 힘든 작업이 없는 위대한 재능은 낭비이다. 우리는 자연에서 배워야 한다. 오리는 물밑에서 끊임없이 발길질을 하지만, 물위에서는 평온하고 우아하게 보인다.

어느 날, 위대한 바이올리니스트 크라이슬러(Fritz Kreisler)가 연주회를 마쳤을 때 누군가 무대로 찾아와서 말했다.

"당신이 연주하는 방식처럼 내 인생을 살고 싶습니다."

그러자 크라이슬러가 대답했다.

"나는 그렇게 했습니다."

성취를 이루어주는 도깨비방망이는 없다. 성취는 현실을 관찰하는 사람에게가 아니라, 행동하는 사람에게 온다. 당기는 말(馬)은 찰 수 없고, 차는 말은 당길 수 없다. 당겨서 차는 것을 멈추도록 하자. 힘들게 일하지 않으면 성공은 없다. 자연은 새들에게 음식을 주지만, 둥지에 넣어주지는 않는다. 그들은 음식을 위해 힘들게 일해야 한다.

5. 인격자가 성취를 만든다.

인격은 사람의 가치, 즉 믿음과 개성의 총합이다. 그것은 우리의 행실과 행위에 영향을 준다. 인격은 세상에서 가장 값비싼 보석보다 더 보존되어야 할 가치가 있다. 이기는 자가 되려면 인격을 갖추어야 한다.

성실 속에는 찬란히 빛나는 영역은 없다. 성취로 가는 길은 많은 함정이 있고, 그 함정에 빠지지 않기 위해 정직한 인격과 많은 노력이 필요할 따름이다. 그것은 또한 비평으로 추락하지 않는 인격을 말한다.

비평은 언제나 아웃사이더(outsider)들이 하는 것이다. 어떤 것이 올바른 방법이라고 떠들기는 하지만, 실은 그 일을 직접 할 줄은 모른다. 축구비평가는 그렇게 하는 것이 아니라고 떠들지만, 그들은 언제나 스탠드에만 앉아 있다. 그들은 모두 성공하지 못한 사람들이다. 기억하라, 비평은 리더나 행위자가 하는 것이 아니다. 하지만, 행위가 어디까지만 내려가야 할지 그들에게 물을 가치는 있다.

(가) 인격은 조화이다.

인격은 성실, 무욕, 이해, 신념, 용기, 충성심, 존경의 결합이다. 인격을 갖추고 있는 개성은 어떤 것일까?

* 그 자체로 최고급이다.
* 침착하다
* 균형을 갖추고 있다.
* 분노가 없고 자신감과 착실함이 있다.
* 생각한다.
* 결코 변명하지 않는다.
* 예절과 좋은 매너로 많은 작은 희생을 택할 줄 안다.
* 과거의 잘못에서 배운다.
* 돈이나 추잡함과 전혀 관계가 없다.

103

* 파괴나, 파괴 그 자체를 결코 만들지 않는다.

* 존재이지 형태가 아니다.

* 엘리트와 함께 걷지만, 상식적인 접촉을 유지한다.

* 고상한 말, 친절한 모습, 선하고 자연스런 웃음이다.

* 폭군에 대항하여 맞서는 감춰진 자랑이다.

* 다른 사람과 그 자체로 편안하다.

* 승리의 칼날을 주는 고전적 접촉이다.

* 신비하게 작용한다.

* 기적을 이룬다.

* 인식하기는 쉽지만, 규정하기 어렵다.

* 책임을 수용한다.

* 겸손하다.

* 승리와 패배 속의 영광이다.

* 명성과 행운이 아니다.

* 녹슬지 않는다.

* 영원하다.

* 무형이다.

* 굴종이 아닌 예절과 공손함이다.

* 변덕이 없는 세련됨이다.

* 자아훈련과 지식이다.

* 자아만족이다.

* 영광스런 승리자와 이해하는 실패자이다.

성취 자체보다 더 어려운 것은 성취를 다루는 방법이다. 대부분의 사람들은 성취하고 난 뒤 성취를 어떻게 조종해야 할지를 모른다.

인격을 만드는 일은 유년에서 출발하여 죽을 때까지 지속해야 한다. '세 살 버릇이 여든까지 간다.'고 하지 않던가? 인격은 성취를 필요로 하지 않는다. 그 자체가 성취이다. 정원사가 정원의 생명력을 방해하는 잡초를 제거하는 것을 평생 지속해야 하는 것과 마찬가지로, 우리는 결점을 제거하는 일을 지속하여 인격을 계발하고 지켜나가야 한다.

(나) 역경을 만들어 인격을 드러내라.

똑같은 불우한 환경 아래 있더라도 어떤 사람은 기록을 단축하고, 어떤 사람은 단축하지 못한다. 보석은 닦지 않고 광을 낼 수 없고, 좋은 철은 불을 통과해야 얻을 수 있다. 마찬가지로 역경은 그 사람의 인격을 드러내 자신의 인격됨됨이를 알려준다.

러시아 속담에 '해머는 유리를 깨뜨리지만, 철은 불린다.'라는 말이 있다. 그 안에 많은 진리가 있다. 우리는 유리가 될 것인가, 아니면 철이 될 것인가? 해머도 철이다. 카본이 철의 질을 결정하는 것과 마찬가지로 인격은 사람의 질을 결정한다.

6. 긍정적인 믿음은 자신감을 준다.

긍정적인 사고와 긍정적인 믿음 사이에는 어떤 차이가 있을까? 여러분의 사고를 직접 볼 수 있다면 어떨까? 긍정적일까, 부정적일까? 여러분은 성취나 실패를 위해 정신을 어떻게 프로그램 시키고 있는가? 생각하는 방법이 실천에 깊은 영향을 낳는다.

아침마다 긍정적인 자세와 태도를 갖는 것과 동기 부여는 우리가 만드는 선택이다. 긍정적인 삶을 산다는 것은 쉬운 일이 아니다. 하지만, 부정적인 삶도 쉬운 것은 아니다. 두 가지 중 여러분에게 선택이 주어진다면 어떤 삶을 지지할 것인가? 나는 긍정적인 삶을 지지할 것이다. 긍정적인 사고는 부정적인 사고보다 훨씬 좋다. 그것은 잠재된 능력을 잘 이용할 수 있도록 우리를 돕는다.

긍정적인 믿음은 긍정적인 사고만큼 중요하다. 긍정적인 믿음은 긍정적인 사고가 작동할 것이라는 확신을 갖게 하는 원인이 된다. 긍정적인 믿음은 완벽한 준비가 가져다주는 자신감 있는 자세와 태도이다. 아무런 노력 없이 긍정적인 자세와 태도를 갖춘다는 것은, 원하는 꿈만 갖고 있고, 실천하지 않는 것 같은 속빈 강정이다.

7. 얻는 것보다 더 많이 주어라.

오늘날은 그 어느 때보다도 성취하기가 쉽다. 경쟁이 없기 때문이다. 도대체 이게 무슨 말일까? 인생에서 앞서 가기를 원한다면 남보다 '조금 더' 가라. 조금 더 가는 거리에는 경쟁이 없다. 여러분은 봉급액수보다 조금 더 즐겁게 일하는가? 아는 사람들 중 얼마나 많은 사람들이 봉급보다 조금 더 즐겁게 일할까? 대부분의 사람들은 받는 돈보다 조금 더 일하기를 즐기지 않거나 얻을 수 있는 만큼만 일하기를 원한다. 그들은 자기 일자리를 지키려고 양을 채운다. 하지만, 봉급액수보다 조금 더 즐겁게 일하는 소수자들이 있다. 어째서 그들은 더 할까? 만일 여러분이 그런 소수자 속에 들어 있지 않다면 여러

분이 경쟁하는 자리는 어디쯤일까? 봉급액수보다 조금 더 일하는 장점은,

* 일과 장소에 관계없이 자신을 가치 있게 만든다.
* 더 자신감을 준다.
* 다른 사람들이 리더로서 바라본다.
* 다른 사람들이 믿기 시작한다.
* 상사가 존경하기 시작한다.
* 상사와 부하에게 충성을 낳는다.
* 상호협조를 이끌어낸다.

이런 사람들은 나이, 경험, 학력과 관계없이 모든 직장에서 원한다. 최상의 비전은 없지만, 부지런히 일하는 사람. 시간관념이 철저하고 생각하는 사람. 지시를 정확하게 실천하고, 주의 깊게 듣는 사람. 진실을 말하는 사람. 비상시 대타를 바랄 때 부루퉁하지 않는 사람. 작업의 원칙보다 오히려 결과를 근본으로 여기는 사람. 즐겁고 예의가 있는 사람….

고객이나 친구, 배우자, 부모나 아이들, 누구에게든 언제나 가치를 보태줄 수 있는 역할을 생각하라. 일할 때마다 "내가 하고 있는 일이 나 자신에게 얼마나 가치를 더할 수 있을까?"

"얼마나 다른 사람에게 가치를 보태줄 수 있을까?"를 스스로 물어라.

성취의 열쇠는 네 단어로 축약할 수 있다. "그러고 나서 조금 더"이다. '승리자는 그들이 생각하고 있는 것을 실천한다. 그러고 나서 조금 더.' '승리자는 자기의 의무를 다한다. 그러고 나서 조금 더'. '승자는 예의바르고 관대하다. 그러고 나서 조금 더'. '승자는 생각한다. 그러고 나서 조금 더'. '승자는 100퍼센트를 한다. 그러고 나서 조금 더' 한다.

확실성, 책임성, 유연성이 없는 능력은 빚이다. 높은 학력과 지능을 지닌 사람이 어째서 실패자로 살아가고, 최선을 실천하는 평범한 사람이 어째서 성취하는가? 그들은 부정적인 에너지로 저장소를 만들고, 작동하지 않는 원인으로 전문가가 되었기 때문이다. 그들은 봉급액수만큼도 일하기를 바라지 않거나, 단지 봉급액수만큼 일하기를 바랄 것이다.

봉급액수 이상으로 일하거나 줄 때 우리는 경쟁을 줄일 수 있다. 이런 자세와 태도는 지능이나 하려보다 훨씬 더 중요하다.

8. 지속성의 힘

최선으로 가는 여행은 쉽지 않다. 그 길은 장애물도 가득하다. 승자는 더 큰 해법을 갖고, 반전(反轉)시키고, 극복할 수 있는 능력을 갖추고 있다.

위대한 피아니스트인 크라이슬러(Fritz Kreisler)에게 물었다.
"당신은 어떻게 연주를 그렇게 잘 하지요?"
그가 대답했다.
"그것은 연습 때문입니다. 만일 한 달 동안 연습하지 않으면 청중이 그 차이를 알 수 있을 겁니다. 일주일 동안 연습하지 않으면 내 아내가 차이를 말할 수 있지요. 하루만 연습하지 않는다면 내가 그 차이를 말할 수 있지요."

지속은 실천과 결단을 의미한다. 인내 속에 즐거움이 있다. 실천과 지속은 결단이다. 달리기 선수는 몇 초나 몇 분의 기록 단축을 위해 연습으로 수많은 세월을 보낸다.

지속은 결심이다. 그것은 시작한 것을 끝내는 실천이다. 우리가 지쳤을 때 중단은 아주 매력적으로 보인다. 하지만, 승자는 참는다. 승리한 달리기 선수에게 물어보라. 그는 고통을 참고 출발한 것을 끝낸다. 많은 실패자는 잘 시작하지만, 아무런 결과도 얻지 못한다. 지속은 목표에서 온다. 목표가 없는 삶은 무미건조하다. 목표 없는 사람은 결코 견디지 못하고, 아무것도 이루지 못한다.

9. 실천의 자랑

오늘날은 실천의 자랑을 단념해야 한다. 왜냐하면 요즘 사람들은 부단한 노력과 힘들게 일하기를 싫어하는데, 실천은 그것들을 요구하기 때문이다. 하지만, 실천하지 않는 한 아무것도 얻을 수 없다. 사람들은 실망할 때마다 지름길을 찾는다. 하지만, 아무리 많은 시험이 닥치더라도 지름길은 피해야 한다. 자랑은 내적으로 오고, 자랑은 이기는 칼날을 준다.

실천의 자랑이 에고를 나타내는 것이 아니다. 그것은 겸손을 지닌 즐거움을 나타낸다. 일의 질과 일하는 사람의 질이 분리된 것이 아니다. 마음이 내키지 않는 노력은 절반의 결과도 생산하지 못한다. 그것은 아무런 결과도 만들지 못한다.

우수성은 최선을 다해서 실천한 것이 자랑스러울 때 다가온다. 세차를 하든, 마루를 닦든, 페인트를 칠하든, 어떤 일이든지 모든 작업은 그 일을 실천한 사람의 자아초상이다. 첫 순간부터 마지막 시간까지 올바로 하라. 내일을 위한 최고의 보험은 오늘 일을 완전히 마무리하는 것이다.

10. 즐거운 학생이 되어라—스승을 얻어라.

하나님과 스승이 함께 서 있다면 학생은 누구에게 먼저 인사를 해야 할까? 인디언 문화로 대답한다면 답은 스승이다. 스승의 지시와 도움이 없다면 하나님을 만날 수 없기 때문이다.

스승이나 선생님은 여러분 앞길에 방향이 되어줄 수 있는 가늠자가 되는 사람이다.

여러분을 제자나 학생으로서 받아줄 누군가를 찾아라. 스승을 조심해서 선택하라. 좋은 스승은 안내와 방향을 가르쳐준다. 나쁜 스승은 잘못 안내한다. 존경을 보여라. 관심을 지닌 학생이 되어라. 선생님은 관심을 가진 학생을 좋아한다.

최고의 선생님은 여러분에게 마실 것을 주지 않고, 여러분을 목마르게 한다. 그들은 대답을 찾는 길 위에 여러분을 올려놓는 일만 한다. 스승이나 선생님은 미래 사회의 형태를 만드는데 가장 큰 공헌을 하는 사람이다.

우리는 성취할 만한 역량을 가졌는가?

우리들 각자는 성취하기 위한 역량을 갖추고 있을까? 대부분의 사람들은 갖지 않았다고 생각한다. 그들은 평범하게 살고, 실패한다. 하지만, 그들도 그런 방식으로 살기를 원하지는 않을 것이다.

우리들은 모두 성취할 만한 역량을 갖고 있다. 역량은 갖고 있지만, 원하는 수준까지 개발하지 못했을지도 모른다. 혹은 역량을 갖고 있다는 사실조차 모르고 있을지도 모른다. 하지만, 역량을 찾으면 실천이 바뀐다.

이것은 여러분의 뒤뜰에 수억 원이 묻혀 있지만, 그런 사실조차 모르는 것과 같다. 여러분은 그런 사실조차 몰랐기 때문에 이용할 수 없었다. 하지만, 그 돈을 찾는 순간, 여러분의 생각과 행동은 바뀔 것이다.

똑같은 일이 우리 모두에게도 진실이다. 우리는 모두 숨어 있는 보물을 갖고 있다. 우리가 해야 할 일은 그 보물을 밖으로 끌어내 이용하는 것이다.

6. 운을 스스로 만들어라.

"인생은 재미있다. 만일 최선을 다했지만, 받아들이기를 거절한다면
당신은 종종 그것을 얻는다."
–서머셋 모옴(Somerset Manghom)

 월마 루돌프는 미국 테네시 주의 가난한 가
정에서 태어났다. 4살 때 그녀는 두 번의 성홍렬을 앓고, 소아
마비로 발전하여 평형을 유지할 수가 없었다. 버팀목을 해야
했고, 의사는 그녀가 평생 두 발로 땅을 밟을 수 없을 거라고
말했다.

 하지만, 그녀의 어머니는 그녀를 독려했다. 그녀는 월마에
게 하나님이 주신 능력, 인내, 믿음이 있으며, 그녀가 원하면
무엇이든지 할 수 있다고 했다. 월마가 말했다.

 "나는 이 지구상의 경주장에서 가장 빠른 여성이 되고 싶어
요."

9살 때 의사의 충고를 무시하고 버팀목을 제거했고, 의사가 절대로 할 수 없다는 첫발을 디뎠다. 13살 때 그녀는 생애 처음으로 경주에 참가했다. 완주했지만, 꼴찌를 했다. 그리고 그녀는 두 번째, 세 번째, 네 번째 계속 참가했다. 1등이 되는 날까지 참가했다.

15살 때 그녀는 테네시 주립 대학에 들어가서 에드 템플(Ed Temple)이라는 코치를 만났다. 그녀는 코치에게 말했다.

"이 지구상의 경주장에서 가장 빠른 여성이 되기를 원합니다."

코치가 말했다.

"네 정신력은 누구도 꺾을 수 없다. 난 힘이 자라는 데까지 널 돕겠다."

마침내 최고 중의 최고의 시합인 1960년 올림픽 경주장에 그녀가 섰다. 월마는 당시 최고의 기록 보유자이며, 한 번도 경쟁해본 적이 없는 주타 하이네(Jutta Heine)라는 선수와 시합을 했다.

첫 번째 100미터 경주였다. 월마는 그녀를 이기고 금메달을 땄다. 두 번째 경주인 200미터 경주에서도 월마는 그녀를 이

기고 두 번째 금메달도 땄다. 세 번째 경주는 400미터 릴레이
였다. 윌마는 한 번 더 그녀와 달렸다. 릴레이에서 가장 빠른
사람은 그 팀 중에서 가장 나중에 뛴다.

첫 번째 세 사람이 달렸고, 바턴 터치가 잘 이루어졌다. 이
윽고 윌마의 차례가 되었을 때 그녀는 바
턴을 떨어뜨렸다. 그때 윌마는
주자가 다른 줄 끝에서 출
발하는 것을 보았다. 그
녀는 바턴을 주어들자
바람처럼 뛰어나갔다.
세 번 모두 주자를 이겼
다. 그리고 세 번째 금메
달을 땄다. 그것은 역사가 되

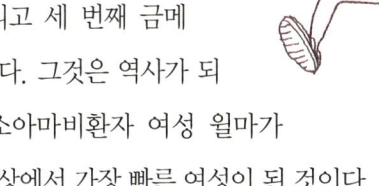

었다. 소아마비환자 여성 윌마가
이 지구상에서 가장 빠른 여성이 된 것이다.

이 이야기의 주제는 무엇인가? 여러분은 꿈을 갖고 있는가?
그 꿈이 이루어질 것이라고 확신하는가? 윌마는 유년시절에
꿈을 가졌고, 마침내 그 꿈을 이루었다. 꿈은 변화를 만들고,

변화는 성취를 이끈다.

변화는 끝과 함께 시작하지만, 또한 변화는 새로운 시작과 함께 끝난다. 변화는 어제의 끝에서 시작하고, 오늘의 끝에서 끝난다. 변화는 항상 오늘과 함께 한다. 그러므로 오늘은 언제나 새로운 것이다. 여러분의 머리와 심장이 일치하는 곳에 여러분의 관점을 설정하라. 그곳은 여러분의 가치, 특별한 기술, 독특한 선물을 주는 비옥한 샘이 될 것이다.

제일 먼저 보아라.

플로리다 주 온타리오에 있는 〈디즈니 월드〉 개관에 따른 멋진 이야기가 있다. 어떤 기자가 월트 디즈니의 동생인 로이 디즈니와 인터뷰하고 있었다. 기자가 말했다.
"월트가 이것을 보지 못한 것은 정말 애석한 일이군요."
그러자 로이가 대답했다.
"월트가 제일 먼저 보았어요. 그래서 당신이 지금 그것을 볼 수 있는 것이지요."
월트 디즈니는 꿈을 가졌다. 그는 꿈꾸는 방법과 큰 꿈을 꾸는 방법을 알고 있었던 사람 중 한 사람이었다. 월트는 무엇을 상상할 수 있다면, 그리고 그것을 꿈꿀 수 있다면, 그것을 현실로 만들 수 있다는 것을 알았다. 디즈니 왕국은 여러분이 꿈을 꾸었을 때 가져오는 이득과 상상의 결과에 대한 살아 있는 증거이다.

여러분이 도깨비 방망이를 갖고 있다고 상상하라. 여러분은 그것을 가지고 어떤 미래도 만들 수 있다. 제한이 없다. 마음먹은 것은 무엇이든지 창조할 수 있다. 도깨비 방망이를 이용하여 여러분의 미래를 완전하게 설정하라.

여러분의 꿈이 도깨비 방망이다. 여러분의 꿈을 적어라. 사소한 것이라도 건너뛰지 마라. 그렇게 하는 방법이 잠겨 있는 자물쇠를 푸는 즐거움의 열쇠가 된다.

〈실습〉 이상적인 삶

여러분의 일지에 이상적인 삶이라고 생각하는 것들을 모두 적어 보라.

* 여러분의 귀중한 직업에 어떤 모양이 포함되면 좋겠는가?
* 여러분의 가치와 선물을 나누는 최선의 명예는 어떻게 하는
  것인가?
* 여러분의 시간은 어떻게 소비해야 하는가?
* 여러분의 삶 안에 누가 있는가? 어떻게 느끼는가?
* 여러분의 일상적인 나날이 어떻게 보이는가?
* 여러분은 무슨 일을 하고 있는가?
* 어떤 활동적인 일에 종사하고 있는가?
* 누구와 상호작용을 하고 있는가?

활동적인 사람들 이상으로 더 여러분을 활동적으로 만드는
일반적인 감정을 써보도록 하라. 여러분의 일에 고착된 감정
을 가지면 가질수록 여러분이 좋아할 수 있는 더 좋은 일을 추
구할 수 있을 것이다.
조용히 앉아서 눈을 감고 가장 하고 싶은 이상적인 일을 그
려라. 이상적인 작업환경 속에 있는 자신의 그림을 명확하게
그리도록 하라. 그 이미지가 생생하면 할수록 여러분의 삶 속
에서 실제로 여러분이 원하는 것을 더 명백하게 만들 수 있을
것이다.

이제 나 자신이 누구인지, 어디로 가기를 원하는지 깨달았다면, 다음 단계는 거기에 도달하는 것이다.

목표는 차이를 만든다.

"어디로 갈지 모른다면 어떤 길이 나를 그곳으로 데려갈까?"라는 말이 있다. 불행하게도 아주 많은 사람들에게 이 말은 진실이다. 우리들 대부분은 간단한 목표를 설정하는 방법이나 적용하는 방법을 배우지 못했다. 그 결과 헨리 도로우가 말했듯이 '조용한 자포자기로 삶을 맺는다.'

만일 여러분이 어떤 분야에서 고도의 성공을 거둔 사람들을 조사할 수 있다면, 예외 없이 그들은 성공 공식의 한 부분으로 목표설정을 이용하고 있다는 것을 발견할 수 있을 것이다. 성공한 사람들은 하나같이 목표설정을 위한 시간을 갖고, 자기 성취를 위한 계획들을 개발하고 있다.

반면에 성공을 못한 사람들은 목표 없이, 자기 길에 다가오는 것은 무엇이든지 받아들이면서 전 생애를 통해 방황한다. 그들은 언제나 제공되는 것은 무엇이든지 받아들이고, 절망과 성취하지 못한 불만의 감정으로 일생을 살아간다.

만일 여러분이 좀 더 성공적이고 신나는 삶을 살아가기를 원한다면 꿈과 목표를 규명하는데 시간을 투자하라. 그리고 그 내용을 써보아라. 그것은 성취를 위한 특별한 트레이닝이나 도구도 아니오, 힘든 과정도 아니다.

지금 여러분의 기술과 갈망에 대하여 더 좋은 아이디어가 있다면 창조적인 마음으로 가게 할 때이고, 여러분의 비전을 팽창시킬 때이다. 여러분은 진실로 무엇을 원하는가? 여러분은 인생에서 무엇을 소유하기를 원하는가? 어떤 사람이 되기를 진실로 원하는가? 무엇을 하기를 원하는가? 어디로 가기를 원하는가?

〈실습〉 꿈을 꾸는 방법

아무것도 방해하지 않는 곳에 잠시 동안 조용히 앉아라. 눈을 감고 여러분의 인생을 위해 원하는 모든 것을 생각하라. 자아를 자유롭게 하여 커다란 꿈을 두려워하지 마라. 20세기의 위대한 스승 중 한 사람인 노먼 빈센트 필이 말했다.

"커다란 인생을 원한다면 커다란 꿈이 필요하다."

여러분이 원하는 것을 생각한 대로 여러분의 갈망을 일지에 기록하라. 그것들이 어떻게 이루어질지 걱정하지 마라. 여러분의 두뇌에서 불가능하다는 작은 목소리가 들린다면 지금은 그저 잠자코 있어라. '현실'로 이루어질 때가 반드시 있다. 지금은 여러분의 마음을 자유롭게 하여 자아를 펼쳐라. 정말로 제한이 없다면 여러분은 무엇을 바라고 싶은가?

우리는 모두 꿈을 가지고 있다. 노무현 대통령도, 아드보가트 감독도, 부시 대통령도 모두 꿈을 가졌다. 한때 영국에서 살았던 아니타 로드딕(Anita Roddick)이라는 여성은 미개한 나라를 도우면서 천연미용제품의 이용을 번영시킬 미용 사업을 창조하려는 꿈을 가졌다. 그 꿈이 오늘날 미국 전역에 그녀의 바디 숍(Body shop)을 갖게 만들었다. 여러분도 또한 꿈이 있고, 여러분 스스로 그 꿈을 이루어서 소유하게 하라.

여러분은 무엇을 원하는가? 여러분이 갖기를, 하기를, 되기를 원하는 모든 꿈을 여러분의 일지에 기록하라. 이 일을 하는 데 20분만 투자하라. 앞으로 언제든지 더 첨가할 수 있다. 사실, 여러분의 상상에 날개를 달면 이루고 싶은 많은 일들이 있다는 것을 발견할 것이다. 한때 원했지만, 잊어버리고 있던 과거에서 기억해내도 좋을 것이다. 그 순간에는 보이지 않을지라도 여러분에게 다가오는 것은 모두 기록하라.

꿈을 목표로 바꿔라.

목록이 완성되었다면 그 목록을 되돌아보고, 이성적으로 참으로 중요하다고 느끼는 것 중에서 1, 2년 사이에 성취할 수 있는 것에 표시를 하라. 드넓은 바다에서 요트를 타고 여행한다는 것은 먼 훗날 일이고, 오늘은 불요불급한 수입이 우선순위가 될지도 모른다. 여러분의 현재 삶 속에서 가장 중요한 것은 무엇이든 표시하라.

다음에, 페이지를 나누어서 앞으로 6개월에서 1년 사이에 성취할 수 있다고 느끼는 4, 5개의 목표를 확언(確言)하는 짧은 문장을 적어라. 그리고 다시 다른 기록으로 돌아와서 한 달에서 20년까지 어떤 기간을 정해서 이 목록을 완성하라.

여러분의 미래에 대한 로드맵처럼 단기, 중기, 장기 목표를 갖는 것도 좋은 아이디어가 될 것이다. 나는 세세한 부분으로 여러분의 삶을 구분하기를 원하지는 않는다. 하지만, 여러분이 경험하고 싶은 삶의 내용에 대해서 명백한 아이디어를 갖고 있다면, 여러분은 그것을 이룰 수 있는 잠재력을 크게 배가

시킬 수 있을 것이다.

여기서 우리가 생각해야 할 것은 목적과 목표이다. 사람들은 목적과 목표를 혼동하는 일이 많다. 목적은 인생 전체를 말하는 장기적인 것이고, 목표는 단기간에 이룰 수 있는 일들을 말한다. 그러므로 장기적인 목적을 설정하면 성취의욕을 불러일으킬 수 없다.

동기부여는 작은 성취를 자주 이룰 때 이루어진다. 인생이란 큰 강줄기를 설정하고, 작은 시냇물 같은 목표를 하나씩 이루다보면 어느 새 커다란 강줄기에 도달한 여러분 자신을 발견할 수 있다. 그러므로 여러분들은 작은 목표를 설정하고 그것을 이루기 위해 최선을 다하라.

여러분이 목표를 설정할 때마다 "규제"라는 것이 반드시 따라야 한다. 여러분은 목표를 기록해야 한다. 목표를 단지 마음속으로만 갖고 있다면 너무나 애매해서 쉽게 잊어버릴 수 있다. 여러분은 목표를 단지 쓴다는 간단한 행위만으로 스쳐지나가는 기회를 포착하여 배가할 수 있다. 그것이 정말로 이 목표를 원한다는 것을 무의식에 전달하는 것이다.

다음으로, 현재시제로 여러분의 목표를 써야 한다. 만일 여러분이 미래형으로 쓴다면 여러분의 무의식은 미래 속에 그

내용을 보관할 것이다. 이미 일어난 것처럼 그들을 확언하라. 예를 들면, 여러분의 목표가 승진이라면 "나는 부장으로서 새로운 자리가 가져오는 도전을 즐기고 있다."라는 식으로 써야 한다.

긍정적으로 여러분의 목표를 기록했는지 확인하라. 여러분의 무의식은 부정적인 아이디어에는 응답하지 않는다. 예를 들어, 만일 여러분이 몸무게를 줄이고 싶다면 "나는 10킬로그램을 감량했다."라고 쓰기보다 "나는 지금 60킬로그램의 이상적인 몸무게를 갖고 있다."라고 확언하라.

끝으로, 가능한 한 특화하여 목표를 만들어라. 가능하다면 숫자를 붙여라. '더 많은 돈'을 버는 것이 목표라면 우주가 대답하기에는 너무나 애매하다. 더 좋은 목표는 "나는 한 달에 20만원을 더 벌고 있다."라는 것이다. 그리고 일어나고 싶은 날짜를 보태라.

하나의 제안은 여러분의 목표를 성취하기 위해 이성적으로 충분한 시간을 허락하라는 것이다. 내일까지 1억 원을 가져야 한다고 말하는 것은 지나친 낙관론자이거나 여러분의 노력을 포기하는 꼴밖에 안 된다. 하지만 5년이나 10년 뒤에 1억 원을 갖는 것이 목표라면 더 현실적이고 성취할 수 있을 것이다.

돈 이상의 것을 찾아라.

만일 진실로 여러분이 꿈꾸는 삶을 갖기를 원한다면 여러분의 삶의 여러 영역에서 목표를 설정하기 바랄 것이다. 균형은 목표설정의 열쇠이다. 만일 모든 초점이 여러분의 가족과 건강을 위한 돈이나 일뿐이라면 여러분은 행복할까? 그렇게 생각하지 않는다.

삶의 성취와 즐거움을 진실로 갖기 위해서는 삶 속에 몇 가지 영역에 대한 목표를 더 설정해야 할 것이다. 여러분의 삶을

만드는 다양한 구성, 정신, 가정, 사회, 신앙, 정서, 직업, 경제, 건강, 안락 등이 모두 중요하다. 그것이 참으로 커다란 인생을 창조하는 방법으로서 각자 특화된 목표를 갖는 좋은 아이디어이다.

"주체적인 모든 행위에 대하여 하나의 근본적인 진리가 있고, 그 진리의 무지가 수많은 아이디어와 무한한 계획을 죽인다. 우리가 명확하게 스스로 수행하는 순간 또한 하늘이 움직인다."
－요한 올프강 폰 괴테(Johann Wolfgang Von Goethe)

공약(公約)하라.

여러분이 진실로 공약하면 어떤 목표이든 성취할 수 있다. 만일 성공하지 못한 사람 중에서 성공한 사람을 분리해내는 어떤 비평적인 방법을 찾는다면 그것은 공약이다.

만일 여러분이 목표를 공약했다면 성공할 것이다.

여러분에게 얼마나 중요한 목표인지와 관계없이 용기를 잃을 때가 있을 것이다. 여러분의 목표 중 하나가 회사에서 주요한 직위를 얻기 위해 배움으로 돌아가는 것일 수도 있다. 그것이 여러분에게 아주 중요할지라도 수업을 빼먹거나 배움 자체를 포기해야 할 날이 올 수 있다. 그런 때 공약이 필요하다.

공약은 일요일 아침 좀 더 잠자고 싶을 때 여러분을 일찍 일어나게 만들 것이다. 그것은 사무실에서 하루 온 종일 피곤에 지쳤어도 체육관을 가게 할 것이다. 또한 인간관계 속에서 피할 수 없는 힘든 시간을 지내면서도 완전한 가정을 지킬 수 있는 것이 결혼서약이다.

〈실습〉 공약을 만드는 방법

목표를 성취하는데 공약이 얼마나 중요한지 깨달았다면 가장 큰 질문은 그것을 어떻게 만드느냐 하는 것이다. 그것은 아주 간단하다. 두 가지 중 하나를 제시한다. 즐거움을 얻기 위한 갈망이나 고통을 피하기 위한 요구이다. 그것은 고래로부터 사람에게 동기부여를 하는데 이용해온 '당근과 채찍'이라는 원리이다. 비법은 당근과 채찍의 대가를 스스로 동기부여에 이용하는 것이다.

여러분의 일지 다른 페이지 위에 쓰여 있는 가장 큰 목표로 돌아가라. 각각의 특별한 목표를 성취하여 얻게 될 이득에 대하여 세세한 것을 짧은 문장으로 만들어 기록하라. 진정으로 스스로 동기를 부여하라. 이 목표를 성취하면 여러분의 삶이 얼마나 더 좋아질지, 그리고 여러분의 가정에 돌아올 커다란 이득과, 커다란 감정에 초점을 맞춰라. 여러분의 주요한 목표마다 각각 이런 것을 기록하라.

다음에, 그 반대도 써라. 여러분이 그 목표를 성취하지 못했을 때 놓칠 수 있는 것과 잃어버릴 것도 세세하게 기록하라. 스스로 거칠게 되어라. 우리는 종종 즐거움을 얻기보다 고통을 피하기를 자주 한다. 상상으로 고통을 현실처럼 충분히 불러낼 수 있다면 어떤 상황을 통하여 스스로 동기부여를 할 수 있을 것이다.

이 간단한 실습이 힘든 시간을 통과하는데 도움이 될 것이다. 여러분이 포기하고 싶다고 느낄 때 돌아가서 첫 번째 기록한 목표를 원하는 이유를 다시 읽어라. 여러분이 발전할 때마다 이상적인 삶을 바라는 이유를 첨가할 수 있다.

여러분의 여행을 커다란 수고 없이 하기 위해 출발하기 전에 전략적 계획을 세워라. 시작할 가장 좋은 때가 언제일까? 작은 조각으로 그 여행을 쪼갤 수 있는 감각을 가졌는가? 어떤 장애물을 만날 것 같은 예감이 있는가? 그 장애물을 통과하기 위해 어떤 계획을 세웠는가? 어떤 형태의 재료가 필요한가? 무엇이 현실적이고, 신나게 하는 시간표는 무엇인가? 발전하는 것을 어떻게 측정할 수 있는가? 길을 향할 때마다 주위를 기억하라. 여러분은 그 길을 향할 때 생각지도 않은 기회와 멋진 것을 놓치는 계획이 되지 않기를 바라지 않겠는가?

좋아하는 것을 하라.

자기 일이 정말 중요하다고 믿는 사람들은 종종 엄청난 양의 억압을 받는다. 가능할 때마다 여러분에게 개인적으로 귀중한 일을 선택하라. 그것이 가능하지 않을지라도 주어진 일에 최선을 다하기를 선택하라.

"지식인은 행동으로 살지, 행동을 생각하면서 살지 않는다."
-카를로스 카스테네다(Carlos Casteneda)

일어나서 움직여라.

여러분의 삶을 변화시켜 책임을 지기로 결정했다면 행동으로 옮기는 것이 필요하다. 여러분은 원하는 높은 목표와 야망을 모두 가질 수 있지만, 실제 행동으로 옮기지 않는다면 단순한 소망과 이루지 못한 꿈으로 남는다. 모든 개인적 힘에 대한 열쇠는 행동이다.

여분의 전화기를 가져라. 여분의 편지를 써라. 행동을 피하는 경향이 있다면, 무슨 수를 쓰더라도 행동하는 것으로 바꿔라. 지체(遲滯)는 분명히 죽음의 소리이다. 그것은 우리가 인생에서 원하는 성취를, 목표의 성취를 중지시킬 것이다. 그것은 우리가 원하는 것이나, 누릴 가치, 사랑하는 것을 소유하지 못하게 방해할 것이다. 완전한 삶을 살기 위해서 지금 당장 지체를 끝내야 한다. 늦장꾸러기들을 위한 클럽에 가입하려고 하는 녀석처럼 되지 마라.

여러분은 몇 번이나 직장에서 아이디어를 내보았는가? 그것으로 신뢰를 받아보았느냐? 하나 물어보자. 아이디어를 낸 사람과 실제로 그것을 실행한 사람과 어떤 차이가 있느냐? 나는 이미 여러분이 그 대답을 알고 있으리라고 확신한다. 그들은 행동을 취한다. 그것은 간단하다. 행동이다. 여러분이 가진 능력과 잠재력을 인식하는 방법은 행동을 취하는 것이다.

여러분은 앞으로 국회의원이 되고 싶은가? 나는 여러분들을 국회의원으로 만들어줄 수 있다. 지금 당장 10년, 15년 중장기 계획을 세워라. 그리고 이웃을 위한 일을 지금 당장 시작하라. 이웃을 위한 일을 지속하면 동네 사람들한테 여러분은 칭찬을 들을 것이고, 여러분의 이름을 기억해줄 것이다. 다음에는 동네를 위한 일을 하라. 그러면 여러분의 동네뿐만 아니라, 인근 동네에서도 여러분의 이름을 기억해줄 것이다. 다음에는 여러분이 사는 동이나, 면을 위해서 일하라. 그러면 구나, 시, 군에 사는 사람들이 여러분의 이름을 기억해줄 것이다.

내 사업체를 경영하듯이 이웃을 위해 10년, 15년 동안 목표를 설정하여 정성을 다해서 일하라. 그 다음에 국회의원으로 입후보하라. 여러분의 가슴에서 금배지가 찬란한 빛을 발할 것이다.

7. 인생의 여행을 즐겨라.

"다른 계획으로 바쁠 때 인생은 꼭 문제를 일으킨다."
－존 레논(John Lennon)

두려움이 없다고 말할 수는 없다. 여러분의 삶에 자리 잡고 있는 두려움, 특히 직장에 대한 두려움을 갖고 있다는 것은 아주 자연스런 일이다. 그것은 당연하다. 두려움이 없다고 말하는 사람은 거짓말을 하고 있거나, 부정적인 삶을 살아가고 있는 것이다. 하지만, 여러분이 '하기를 원하는 삶'을 만드는 것을 두려움이 방해하게 해서는 안 된다.

두려움을 극복하라.

두려움이란 '사실처럼 보이는 거짓 결과'이다. 대개는 이것이 사실이다. 우리가 두려워하는 대부분은 실재하지 않는다. 대부분의 사람들은 자기 행동의 결과가 두렵기 때문에 진실로 원하는 삶으로부터 되돌아가려고 하고 있다. 두려움이 사실로 나타나는 일이 있다 할지라도, 그 두려움에 대한 기반은 일반적으로 허상이다.

여러분은 상대방이 거절할 것이 두려워서 새로운 직장을 얻기 위한 전화걸기를 피한다. 거절의 두려움 때문에 데이트 신청을 피한다. 좋은 결실을 얻지 못할지도 모른다는 두려움 때문에 새로운 프로젝트 선택을 두려워한다.

현실적으로 이런 상황 하나하나를 조사해본다면 두려움이 근거가 없다는 것을 알 수 있다. 직장을 찾기 위한 전화의 경우만 보더라도, 적어도 거절당할 기회만큼 받아들여질 기회도 있다. 만일 그 직장이 사람을 뽑는 시기와 알맞게 여러분이 전화를 걸었다면 따뜻한 포용의 기회를 가졌을 것이다. 성공한 배우, 모델, 세일즈맨은 '거절이란 과정의 한 부분' 이라고 생각하여 쉽게 넘어갔다.

데이트의 경우는 더욱 간단하다. 만일 데이트를 요청하지 않으면, 어쨌든 그녀나 그와 데이트를 할 수 없다. 여러분의 에고가 가볍게 상처를 입는 것 외에 잃을 것은 없다. 그런데 만일 여러분의 자아이미지가 본래대로 완전하다면 여러분은 경험을 다시 구성할 수 있고, 다른 사람의 손실처럼 그것을 대할 수도 있다.

실패의 두려움 때문에 새로운 프로젝트를 하기 싫어한다는 것은 아마 진실이 아닐 것이다. 만일 제일 먼저 여러분이 프로젝트를 생각하고 있었다면 상사는 여러분이 그 과제를 성취할 수 있다는 믿음을 가졌을 것이다. 뒤로 뺀다는 것은 확신의 결핍이다.

사람들은 두려워하는 것을 실행으로 옮기면 두려움이 사라지는 것이 확실하다고 말한다. 물론 나는 불필요하고 위험한 일을 하라고 제안하는 것은 아니다. 그것은 두려움과 맞서는 것이 아니다. 그것은 멍청한 짓이다. 하지만, 내가 강력하게 제안하고 있는 것은 상황을 위해 적당히 준비하고 훈련하라는 것이다. 그러면 두려움을 밀어내고 여러분은 그 일을 할 수 있다.

특별한 상황에 대해서 여러분이 두려워하고 있다는 것을 무시하거나 부정하지는 않지만, 두려움으로 고착되어서는 안 된다는 것이다. 그저 두려울 뿐이라고 인식하고, 그것을 무시하라.

미래의 문을 열어라.

일생을 통하여 우리는 자신과 세상에서 새로운 발견을 지속한다. 세상 그 자체가 변화함에 따라 세상을 보는 우리의 관점이 변화할 수도 있고, 또 우리가 변화하여 다른 것을 원하고 있을지도 모른다. 변화된 직장의 환경에 직면했을 때 보통은 경험과 감정이 혼동된다.

만일 여러분이 퇴직당하거나, 봉급이나 이득을 삭감당하거나, 또는 여러분의 동료가 이런 일로 고통을 당하고 있다면, 여러분의 첫 번째 반응은 여러분의 미래에 대해서 불안이 생길 것이다.

여러분은 하나의 문이 닫히면 새로운 문이 열릴 것이라는 사실을 받아들일 수 있을까? 기회를 가진 새로운 문을 바라볼 수 있을까? 인생의 문이 여러분의 직업을 지배하여 완성할 수 있다. 여러분의 삶이 좋아하고, 여러분이 원하는 직업과, 여러분 자신과 조화되는 직업을 디자인할 수 있다. 지금이 흥분되는 아주 알맞은 시간이다.

우리의 직업에서 자신을 위해 진실로 원하는 것을 배우기 시작한다면 세상이 제공하는 것을 찾을 수 있다. 왜냐하면 우리는 삶의 대부분을 직장에서 보내고, 일에 대해서 생각하고 있고, 일을 준비하고 있기 때문이다. 직업의 결정은 우리가 만들어야 할 가장 중요한 결정 중 하나이다.

여러분 자신과 주변의 세상을 돌아볼 수 있도록 변화의 시간을 이용하라. 자아발견의 이 과정은 운명의 지배에 맡기는 것이 아니라, 여러분이 느끼고 있는 강점을 재생하는 것이고, 즐거움을 가져오는 것이다.

여행을 시작하라.

첫걸음은 여러분이 누구인지, 여러분이 진실로 하기를 원하는 것이 무엇인지를 찾는데서 시작하라. 여러분이 즐겁게 할 일에 대해서 생각하기 시작하라. 좋아하는 취미는 무엇인가? 한 푼의 보수가 없더라도 하고 싶은 일은 무엇인가? 다음 질문에 대답해보라. 만일 여러분이 실패도 없고, 돈도 상관이 없다면 어떤 일을 하고 싶은가?

여러분의 참된 정열은 그 안에 있다. 그것은 "난 변호사가 되었어야만 한다. 그래서 학교에 가야만 했는데….."와 같이 깊숙이 파묻혀 있을지도 모른다.

나는 신화 같은 이런 일들은 제쳐놓고, 여러분이 진실로 하기를 원하는 것에서 즐거움을 찾기를 바란다. 그러나 여러분의 직업선택이 인생의 공약이었다고 말하지 마라. 그 직업자체가 여러분이 존재해야 할 가치는 아니기 때문이다.

여러분이 18살이나 20여 살에 선택한 직업이 여러분에게 꼭 맞는 것이고, 30, 40, 50살 일 때 개인적인 성취를 가져와야 한다고 믿는 것은 말도 되지 않는다. '나는 완전한 직업을 선택했어야 한다.'고 자신에게 말할 때 그 메시지가 미래의 보증서가 될까? 나는 점쟁이가 아니다. 물론 여러분도 아니다. 여러분은 그 당시에 여러분이 가졌던 정보력으로 최선의 선택을 한 것이다. 지금 여러분이 원한다면 다른 선택을 만들 기회를 갖고 있다.

내가 여러분에게 제쳐놓기를 바라는 최후의 신화는, 직업은 직선과 상승곡선 같은 과정이라는 것이다. 분명히 존재 그 자체는 아니다. 여러분이 회사의 사장이라면, 그리고 그것을 좋아하지 않는다면 어떻게 할까? 누군가 좋아하지 않는 일의 선택은 잘못된 것이라고 했으니까 사다리에서 내려와 다른 직업을 찾으려고 할까?

직업의 만족은 개인적 만족이다. 그것은 다른 사람을 즐겁게 하기 위해 사다리를 올라가는 것이 아니다. 여러분 자신을 행복하게 만드는 일을 시작하라.

직업의 현실성은 기회이고, 변화는 영원하다. 여러분들은 그것을 지배할 수 없다. 오직 여러분이 할 수 있는 것은 긴 삶의 배움으로 긴 기간을 실행하는 것이다. 그리고 변화가 근본요소라는 것을 이해하는 것이다. 여러분

은 직업과 분리해서, 인간으로서 여러분이 누구인지와 여러분의 가치를 찾기 시작할 수 있다.

어떤 기준에서 어떤 형태로 보수를 받는 고용은 단지 여러분의 개인적 성취의 작은 모양 중 하나이다. 그것이 당신의 인생이 아니다. 마치 인생에 보증서가 없는 것처럼, 또한 직업에도 보험이 없는 것이다. 우리는 직장이 엄청나게 재구성되는 시대에 살고 있고, 우리는 이것을 받아들여 비평적으로, 때로는 측면에서, 그리고 언제나 발전하지만, 예측할 수는 없다는 시각에서 우리의 직업을 보아야 한다.

"만일 당신 자체가 직업이라면 직업이 없을 때 당신도 없다."
－웨인 다이어(Wayne Dyre)

여기에 여러분이 직업을 개발하는데 도움을 줄 몇 가지 개념이 있다. 변화는 영원하다는 것을 인식하라. 인간으로서 우리는, 지식을 배우고, 적용할 수 있는 놀라운 능력을 갖고 있다. 자신의 기회를 창조하고, 찾는 것은 우리의 몫이다. 우리는 직업과 회사가 굳건하다는 믿음을 떨쳐버릴 필요가 있고, 우리는 발전을 지속해야 한다는 것을 인식해야 한다.

우리는 자아의 내적인 목소리, 즉 자신의 정열이나 자신의 마음이 하는 말을 듣는데 인색하다. 하지만, 우리의 꿈과 소망이 안내자가 되어 직업을 가져오는 것이다. 우리의 가치, 필요, 흥미, 신념을 기술하고, 그들을 인식하고, 그들을 아는 것이 우리가 가기를 원하는 비전을 창조한다. 우리가 가야 할 곳이 우리의 몫이다. 우리는 그저 끌리는 대로 가서는 안 된다.

기적을 포용하라.

이 여행의 기적을 포용하라. 마음의 소리가 들릴 때마다 신화를 제쳐놓고, 선택을 만들어라. 그러면 힘이 샘솟을 것이다. 인생은 즐길 의미가 있는 신나는 여행이다. 여러분은 지금 내적인 자아–비전은 갖고 있지만, 여러분이 믿어왔던 신화 때문에 대화할 수 없었던 부분–를 만날 수 있는 좋은 기회이다. 지금은 여러분의 비전을 성취하기 위해 창조성을 이용하는 방법과 꿈을 꾸는 방법을 기억할 때이다.

이 여행을 출발할 때처럼 개인적인 장점에 대하여 여러분의 마음과 눈을 열어라. 그리고 여러분이 가장 좋아하는 직업으로 어떻게 전환할지를 스스로 물어라. 여행의 목적지는 좋아하는 일을 찾는 것이고, 설령 대가가 없을지라도 여러분이 좋아해서 선택할 수 있는 일을 하기를 좋아하는 것이다.

얽혀 있는 현재의 삶을 받아들이기 싫다는 쓸모없는 감정을 찾는 대신에, 변화가 배움이라는 것을 확언하고 지배하라. 우리는 변화를 위해 준비해야 하고, 변화를 알아야 한다는 것이 메시지이다. 행동으로 옮겨 전진하느냐, 행동하지 않고 후퇴하느냐는 여러분의 몫이다.

이 여행 동안 손길을 뻗쳐 도움을 요청하라. 도움을 요청하는 것이 절대로 약함을 보이는 것이 아니요, 강함을 나타내는 것이다. 새로운 재료를 찾아 새로운 접촉을 하고, 그들을 이용하라. 여러분은 여러분의 삶 속에 이미 많은 연합군을 갖고 있다. 만일 여러분이 직업을 갖기 위한 여행에서 도구와 전략에 대한 도움이 필요하다면 여러분을 주체적으로 도울 수 있는 직업상담자를 찾아라.

신나게 일하라.

개인적인 능력과 관심에 어울리는 직업을 찾는 것이 신나는 일을 갖는 과정이다. 여러분이 자신을 알고, 자신의 관심, 가치, 필요, 능력을 이해할 때 직장이 고속도로가 되어 세상으로 여러분을 선물할 것이다. 그것이 여러분의 흥미와 재능을 나누는 방법이다.

여러분은 흥미와 기술이 시대를 따라 변화할 수 있다는 것을 인식하고 있기 때문에 성취할 수 있는 다른 직업으로 다시 이동할 수 있다. 또한 흥미와 기술이 작동할 때 그것을 이해할 수 있다. 만일 문제가 직장이 아니라, 여러분을 신나게 하는 행위라면, 삶의 과정을 초월한 다른 직업을 가져야 한다는 것을 받아들이면 쉽게 이해할 수 있을 것이다.

청년시절, 맨 처음 직업을 선택했을 때 여러분은 자신의 흥미, 능력, 가치를 고려했는가? 철저하게 대안을 강구했는가?

주어진 직장에서 왜 끝내야 하는지, 어떻게 끝내야 하는지 알지 못한 채, 또는 자기 분야에서 어떻게 해야 할지, 어떻게 변화해야 할지, 언제 변화해야 할지 모른 채 직업 상담자를 찾는 사람들이 많다. 만일 여러분의 목표가 즐기는 일을 하면서 행복하게 되는 것이라면, 그리고 그 직업이 자신의 고속도로가 되기를 바란다면, 신나게 일할 수 있는 멋지고, 흥분된 직장을 기대하고 있을 것이다.

기대할 것이 아니라, 자신의 삶을 살기 시작하라. 에너지와 성취를 가져올 수 있는 여러분의 가치와 직업이 어울리는 일을 하라. 신나게 일하는 사람들은 자연스럽게 일을 자기 것으로 끌어들이는 사람들이다. 그것이 즐거움을 가져오고 자기가 하는 일에 열심을 가져온다. 환상을 버려라. 문을 열고, 기적을 포옹하는 여행을 하라. 그리고 신나게 일하라.

프랑스 극작가 지라르댕에게 어느 날 한 청년이 희곡대본을 들고 나타났다. 청년은 자기가 쓴 대본이 매우 훌륭하다고 자부하고 있었다. 하지만, 지라르댕은 잠시 이야기를 나눠보자 그가 문학가로서 별다른 재능이 없음을 발견했다.

"대단히 미안하지만, 자네는 문학보다 의학방면으로 나가는 것이 더 적합하다는 생각이 드네만…."

그 말을 들은 청년은 잔뜩 풀이 죽어 살 의욕조차 잃었지만, 결국 그의 충고가 옳다는 것을 깨닫게 되었다. 그래서 그때부터 문학에 대한 관심을 집어던지고 의사 공부를 열심히 했다.

그가 바로 글리코겐을 발견해 생리학 사상 불후의 공적을 이룬 클로드 베르나르였다. 올바른 적성을 찾아 성공한 역사적 예 중 하나라고 하겠다.

균형을 만들어라.

여기에 자기 삶에 균형을 만드는 방법을 개인적으로 지도받은 사람의 두 가지 예가 있다. 여러분은 상담자가 없어도 똑같이 할 수 있다. 주의 깊게 읽어주기 바란다.

K씨 이야기

그는 건강식품판매회사의 유능한 사장이었다. 그는 일에 지쳐 있었다. 그는 일 때문에 가족과 함께 지내는 시간이 거의 없었고, 접대 때문에 매일 밤 술로 세월을 보내고 있었다. 결국 그는 이혼 하였고, 이혼 뒤에는 끼니도 제때 챙기지 못하여 저녁도 라면으로 때우는 일이 많았다. 그는 자기가 좋아하는 운동이나 취미생활도 하지 못했다. 그는 언제나 휴가 좀 갔으면 좋겠다고 입버릇처럼 달고 살았다. 어쨌든 일보다 안정된 생활을 하고 싶어 했다.

나는 그에게 일에 대한 시간강박관념을 포함하여 나날에 대한 계획을 세워주었다. 저녁 6시만 되면 의무적으로 사무실을 떠나도록 스케줄을 바꿔 주었고, 하루에 두 번은 사무실 밖으로 나가 자유 시간을 갖도록 유도했다. 뿐만 아니라, 나는 그의 달력을 조

151

사했다. 거의 매일 미팅이 빽빽이 적혀 있었다.

　나는 삭제할 것과, 짧아도 괜찮을 것과, 꼭 필요한 것으로 나누도록 코치했다. 그리고 그의 업무의 대부분을 다른 사람에게 이관하기를 권장했다. 그러자 그는 자신의 내적인 목소리를 듣기 시작했다. 언제나 완벽해야 한다는 사고방식과, 나 아니면 안 된다는 의식과, 일 중독증에서 서서히 해방되어갔다.

　사무실에서 생각할 조용한 시간을 갖기 시작했고, 천천히 계획을 세웠다. 그것은 그에게는 커다란 변화였다.

그가 처음 나를 만났을 때는 직업을 바꾸기를 원했던 것이 확실했다. 하지만, 그는 자기가 가졌던 그 일에 그대로 머물 수 있다는 것을 배웠다. 나는 그의 일이 그를 죽이지 않도록 다시 디자인했다.

그는 지금 매일 체육관에 다니고, 자기 일을 즐기고, 집에 일찍 돌아가 자기 시간을 갖고, 동업자들과 여유 있게 점심을 즐긴다. 그는 대화를 즐기고, 일주일에 40시간 이상 일하지 않도록 결단을 내렸다. 자기 삶에 균형을 갖춘 것이다. 지금은 지쳐 있던 피로에서 벗어나 만족스럽게 자기 일을 집행하고 있다.

S씨 이야기

그는 IT분야의 전문가이다. 그는 회사의 홍보분야에서 일하고 있다. IT분야는 첨단 과학 분야라서 이공계 계통의 사람들이 많이 근무하고 있다. 그도 이공계 출신이지만, 같이 근무하는 사람들은 직무상 인문계 출신이 대부분이다.

이공계 출신인 S씨와 인문계 계통의 동료와는 서로 대화가 잘 이루어지지 않았고, 생각하는 방법도 서로 달라 업무에 상당한 애로를 겪었다. 처음 홍보팀으로 발령을 받았을 때 S씨는 회사가 자기를 싫어해서 연구 분야에서 홍보팀으로 발령을 낸 것이라고 자기 스스로 판단하고 있었다. 결국 그는 퇴사하려고 마음먹고 있었다.

처음 그를 만났을 때 그는 그 상황에서 빨리 벗어나고 싶다고 말했다. 나는 그에게 회사가 그를 존중해줄 수 있도록 그가 할 수 있는 것이 무엇이 있는지 분석해 보도록 요구했다. 그리고 자신을 위해 사용할 수 있는 시간을 조정하도록 권장했다. 그리고 아내와 아이들과 함께 지내는 시간을 늘리도록 했다. 또한 상사나 동료들이 그가 필요하다는 것을 느낄 수 있도록 대화하는 시간을 늘리도록 스케줄을 도와주었다. 그는 성격이 직선적이라서 그들

153

과 부딪쳐 멀어진 뒤 서로 감정을 섞지 않고 지내고 있었던 것이다.

그는 지금도 다른 일을 원하지만, 전보다는 스트레스를 덜 받으면서 그 일에 남아 있다. 그는 다른 직업을 갖지 않는 한, 그런 압력이 완전히 없어질 것이라고는 애당초 기대하지 않고 있었다.

그는 지금 다른 일을 찾고 있지만, 최근에는 자기 취미와 흥미에 관심을 갖고 있다. 그는 점점 새로운 균형을 만들고 있고, 곧 신나게 일할 수 있을 것이다. 그는 직업을 수행하면서 더 많은 시간을 삶에 투자하여 균형을 갖춘 삶을 살아가야 한다는 것을 배웠다.

여러분의 이야기

여러분은 어떤가? 여러분은 얼마나 균형을 맞추면서 살아가고 있는가? 여러분은 시간과 에너지를 모두 일하는데 사용하고 있는가? 여러분은 개인적인 삶과 가정을 위해 충분한 시간을 허용하고 있는가? 휴가는 어떤가? 여러분 스스로를 위해 가졌던 마지막 휴가는 언제였는가?

"한밤중 요의를 느껴 화장실에 가기 위해 일어났다가 다시 침대로 돌아가기 전에 혹시 이메일을 체크하고 침대로 가지는 않는가?"

광범한 자아치료

"나는 나 자신을 잘 돌보고 있다." 얼마나 자주 여러분은 그런 말을 해왔는가? 여러분은 스스로 "나는 밥도 잘 먹고, 운동도 조금 한다. 여기서 더 할 것이 무엇이 있는가?"라고 생각할지도 모른다.

내가 여기서 제안하려는 것은 전체적인 새로운 기준으로 이 아이디어를 선택해야 한다는 것이다. 그것이 '광범한 자아치료'이고, 그것이 정말로 자아를 잘 돌보는 방법을 배우기를 주장하는 내용이다. 여러분은 각자 가치가 있는 존재이다. 나는 지금 기본적인 자아치료를 초월하라고 말하고 있는 것이다. 나는 여러분을 위해 진실로 좋은 것을 하는 '습관 만들기'와 여러분 자신을 '양육하기'에 대해서 말하고 있는 것이다.

155

이것은 약간 자기중심적으로 들릴지 모르지만, 더 신나고 행복한 삶을 살기 위한 전체적인 계획의 부분으로서 여러분 자신을 돌보는 일을 배우는 것은 아주 중요하다.

H씨 이야기

그는 컴퓨터 소프트웨어 사업을 하고 있었지만, 자기 사업이나 직업이 즐겁지 않았다. 그는 경쟁업체와 피나는 투쟁도 싫었고, 판매점에 굽실거리는 것도 비위에 맞지 않았다. 더구나 받은 어음은 부도나기가 일쑤였고, 한 아이템이 끝날 적마다 군살빼기가 가져올 회사의 변회도 싫어했다. 그는 더 이상 사업을 지속하기가 싫었고, 회사를 파는데 도움을 얻기 위해 나를 찾아왔다.

그의 비전은 빨리 문을 닫는 것이었고, 하루라도 빨리 조용한 곳으로 도망치고 싶어 했다.

나는 육체적으로나 정신적으로나 그가 너무 지쳤다는 것을 느끼고 '광범한 자아치료' 방식으로 치료하기 시작했다. 그것은 날마다 운동하는 것이고, 건강식을 먹는 것이고, 혼란 속에서 올바른 휴식을 취하는 것이다. 나는 그가 새로운 프로젝트를 만들지 않도록 요청했다. 그는 정신적으로나 육체적으로나 너무나 메말라 있었기 때문이다.

그의 마음은 그 일을 떠나는 것이 행복하다고 느끼고 있을 때 회사를 팔기를 원했다. 그는 그 사업을 일으키기 위해 수년 동안 고생해왔다. 그 사업체는 자식과 같았고, 땀과 눈물의 결정체였다. 나는 나 자신과, 그의 아내, 가까운 친구 부부, 그리고 그의 누이동생으로 지원팀을 구성하여 그에게 용기를 주었다.

나는 그의 결정대로 지원해달라고 사원과 동료들에게 요청할 것을 그에게 제안했다. 사원 몇 명과 다른 친구들, 전문가들은 그가 해야 할 일을 말했다. 그들은 그가 사업을 지속하거나, 아니면 "최선의 제안"이 올 때까지 만이라도 기다려야 한다는 것이었다. 그는 약간 화도 나고, 수치를 느끼도록 만드는 느낌이 든다고 나에게 말했다.

나는 그가 자신의 목소리를 듣는 것을 배우도록 도왔다. 질문에 따라 대답을 일지에 쓰면서 일어나는 진실한 감정을 받아들이도록 지도했다. 그는 다른 회사의 상담역이나 프리랜서로 활동할 수 있을 것 같다고 말했다. 그는 빨리 문을 닫고 자기 삶을 모두 삼켜버린 이 직업을 끝내기를 바랐다.

그는 진심으로 회사 매매를 지체하고 싶어 하지 않았다. 그래서 지원팀의 욕심과 맞서 싸우기로 결정했다. 그는 회사를 떠났고, 뒤도 돌아보지 않았다. 그는 문을 닫고, 멋진 휴가를 즐겼다. 지금은 더 신나는 감정을 갖고, 다른 회사를 위해서 일하고 있다. 만일 누군가 원하기 때문에 '아니오' 라고 말하지 않았다면, 스스로 자신과 맞서는 방법을 발견하지 못했다면, 사업 때문에 자기 삶을 망쳤을지도 모른다고 나에게 말한다.

〈실습〉 광범한 자아치료

여러분은 다음과 같은 일을 적어도 매달 얼마나 실행하고 있는가?

* 얼굴 마사지를 한다.
* 자연 속을 걷는다.
* 영화를 본다.
* 하루를 쉰다.
* 누군가와 특별하게 재결합한다.
* 자신과 재결합한다.
* 멋지게 보이는 옷을 입는다.
* 항상 가기를 원하던 곳으로 친구와 여행을 간다.

* 문화와 접촉한다 : 박물관, 미술관, 전시회 등을 방문한다.

* 목표를 조사한다.

* 도움이 필요한 누군가에게 몇 시간을 할애한다.

여러분은 다음과 같은 일을 적어도 매주 얼마나 실행하고 있는가?

* 신발을 닦는다.

* 매니큐어를 칠한다.

* 목표를 쓴다.

* 사우나나 뜨거운 탕에 들어간다.

* 편지를 쓴다.

* 누군가를 용서한다.

* 땀투성이가 된다.

* 누군가 준비한 멋진 음식을 먹는다.

* 춤춘다.

* 쥐미를 즐긴다.

* 재미있는 운동을 한다.

* 햇빛을 즐긴다.

* 공원으로 산책한다.

* 책을 읽는다.

* 장난감 놀이를 한다.

* 아이들과 논다.

* 애완동물과 논다.

* 친구와 함께 한다.

* 핸드폰이나 이메일 없이 24시간을 지낸다.

* 꽃을 즐긴다.

* 음식미각에 몰두한다.

* 길고 안락한 목욕을 한다.

* 여러분은 다음과 같은 일을 하루 중 얼마나 실행하고 있는가?

* 깨끗이 씻는다.

* 메시지를 제거한다.

* 신선한 과일과 야채를 먹는다.

* 고요히 앉는다.

* 긴장을 푼다.

* 안락한 옷과 신발을 신는다.

* 바보짓을 한다.

* 하루 3식을 먹는다.

* 좋아하는 건강식을 먹는다.

* 친구에게 전화한다.

* 자연과 함께 한다.

* 음악을 듣는다.

* 감사한다.

* 많은 물을 마신다.

* 6-8시간 잠을 잔다.

* 텔레비전을 덜 본다.

* 큰소리로 노래한다.

* 큰소리로 웃는다.

* 다른 사람에게나 무엇인가에 '아니오'라고 말한다.

* 다른 사람을 위해 아주 친절한 일을 한다.

* 목표를 읽는다.

여러분 자신을 광범위하게 잘 돌보도록 배우는 것은 여러분의 삶을 더 좋게 느끼는 감정으로 향하게 하는 큰 발걸음이다. 여러분의 필요와 바람을 존중하고, 소중히 여기는 것을 배울 수 있다. 대부분의 사람들은 다음과 같은 것들을 앞장세운다. 어린이, 배우자, 친구, 일, 사회 공동체, 자원봉사 프로젝트 등등. 그리고 다양한 삶의 모든 것을 앞장세워 우리 자신의 참된 필요의 인식을 줄이는 경향이 있다. 삶의 미덕 속에서, 자기 자신은 무엇을 얻는 목록 속에서 종종 마지막이었다. 그것이 반드시 바람직한 것만은 아니다.

나는 여러분의 가정과 직업 공동체를 부정하기를 제안하고 있는 것은 아니다. 하지만, 여러분은 그들과 균형을 유지해야 한다. 나는 여러분 자신이 필요로 하는 시간만큼을 제쳐놓기를 제안하고 있는 것이다. 여러분 자신을 위한 특별한 시간과 양육의 필요를 느낄 때를 깨닫기를 배워라.

"자신을 사랑하지 않고는 아무도 사랑할 수 없다."는 노래 가사의 한 구절에 모든 의미가 함축되어 있다.

8. 더 행복한 삶을
살고 싶은가?

"자신 있게 꿈속으로 들어가라. 그리고 당신이 그린 삶을 살아라."
−핸리 도로우(Henry David Thoreau)

앞에서 소개한 호자의 또 다른 재미있는 이야기 한 토막이
다.

어느 날 호자가 정육점에서 간을 사가지고 집으로 돌아가고
있었다. 집으로 가는 도중 우연히 간 요리를 잘하는 친구를 만
났다.

"마침 잘 만났네. 어떻게 하면 간을 맛있게 요리할 수 있는
가?"

친구는 간 요리법을 자세히 적어서 호자에게 주었다. 호자
는 한 손에는 간, 한 손에는 요리법을 들고 집으로 향했다.

165

산길을 접어들 무렵 갑자기 독수리란 놈이 날아와 호자의 간을 낚아채갔다. 어이가 없어진 호자가 멀어져가는 독수리를 보고 외쳤다.

"넌 맛있는 간 요리는 평생 못 먹을 거다, 요놈아! 간 요리법은 여기에 있으니까."

호자는 다른 손에 들고 있던 요리법이 적힌 종이를 힘차게 하늘을 향해 흔들었다.

웃었는가? 만일 여러분이 이 이야기를 읽고도 웃지 않았다면 문제가 있는 사람이다. 아마 얼굴에 내천자(川)를 그리고 심각한 표정을 짓고 있을지도 모른다.

오늘날 '가볍게' 라는 말이 좋은 의미에서 인기단어가 되고 있다. 우리는 모두 지나치게 심각하다. 길거리에서 마주치는 사람들의 얼굴만 보더라도 너무나 심각하다. 비집고 들어갈 틈이라고는 한 구석도 보이지 않는다. 그런 얼굴을 보면 그에게도 천진난만하게 웃고 떠들던 시절이 있었는지 궁금증이 일어난다.

여러분들은 주변의 눈치를 보지 않은 채 마음 놓고 실컷 웃어본 마지막이 언제였는가? 자신에 대해서 웃어본 마지막이 언제였는가?

우리들 대부분은 심각해지려는 경향이 있다. 우리는 시도한 것마다 모두 완벽하기를 바라면서 초조해 한다. 우리들 대부분은 가벼운 실수에도 스스로 낙담한다. 그리고 "내가 그렇게 멍청하다니…. 어떻게 그렇게 아둔할 수가 있지?" "난 바보야. 난 그것을 평생 배우지 못할 거야."라고 자학한다.

100살 이상 오래 산 사람들은 모두 유머 감각을 가진 것처럼 보인다. 일반적으로 자신과 세상에 대해 유머 감각을 가졌다는 것이 장수의 열쇠 중 하나라고 수많은 연구에서 밝혀져 왔다.

웃음은 심각한 병을 치료하는데 효과적인 도움을 주고, 직장에서 자신의 중요성을 가볍게 인식시킬 때도 큰 역할을 한다. 최근의 강연회나 세미나 주제의 대부분이 '직장에서의 유머'를 찾고 있다는 사실을 보더라도 우리는 삶에서 더욱더 유머를 배울 필요가 있음을 증명하고

있다.

　여러분은 어떤가? 유머가 있는 상황을 찾을 수 있는가? 심각한 과제를 가벼움으로 감소시키라고 말하고 있는 것은 아니다. 하지만, 삶의 도전적인 상황의 대부분은 유머를 가짐으로써 간단히 더 행복하게 여러분의 삶을 만들 수 있다.

　유머는 건강이다. 일상생활에서 완벽하지 못한 우리의 실수와 갈대처럼 흔들리는 인간의 심성 사이에서 웃음을 배운다는 것은 개발할 가치가 있는 건강한 연습이다.

　약간의 실수를 저지를 때마다 자책하거나 자학하는 대신에 가볍게 만들도록 노력하라. 설령 컴퓨터를 잘하지 못해 실수를 했더라도 "사람이 컴퓨터 때문에 곤란을 당하다니 신기하지 않아. 조금만 연습하면 배울 수 있을 거야."처럼 생각하도록 하라. 기술의 마법사가 되지 못한다는 것이 결코 삶의 두려움은 아니니까.

　일상사에서 유머를 찾도록 노력하라. 그러면 여러분은 자신과 자신의 일에 대해서 더 좋게 느끼게 될 것이다. 가벼워져라. 그리고 잠시 웃어라. 천사가 날 수 있는 이유 중 하나는 가볍기 때문이다.

날마다 개선을 실천하라.

제2차 세계대전이 끝난 뒤 맥아더 장군은 에드워드 데밍 박사를 일본으로 불러 전쟁으로 폐허가 된 일본의 재건을 요청했다. 그는 '양질의 경영(Total Quality Management)'이라는 철학을 개발했다.

일본 사업가들이 데밍 박사를 만났을 때 경제를 회복하려면 무엇을 해야 하는지 물었다. 그는 "자기 삶과 사업의 모든 분야에서 날마다 작고 점진적인 발전을 만드는 것"이라고 대답했다. 이것이 개선이다. 그 실천이 바로 오늘날의 일본을 만드는 밑거름이 되고 세계 경제의 리더가 된 것이다. 일본에서 매년 가장 위대한 진보를 이룩한 사업가에게 주는 상이 있는데 그것이 '데밍 상'이다.

많은 세월이 지난 뒤 비로소 미국에서 데밍 박사의 이론이 옳다고 역수입되었다는 것은 재미있는 일이다. 그의 TQM개념은 많은 대기업에서 이용되고 있다. 포드사나 심지어 국방성까지 그의 이론을 적용하고 있다.

여러분도 날마다 개선을 실습할 수 있다. 그것은 엄청난 결과를 가져오는 아주 간단한 개념이다. 한 달 동안 이 아이디어를 연습하는데 여러분이 도전하기를 바란다. 그리고 재미있는 결과를 여러분은 직접 목격할 수 있을 것이다.

〈실습〉 개선하는 방법

앞으로 30일 동안 생활의 모든 부분에서 작고 점진적인 발전을 만들어라. 날마다 아래와 같은 내용을 스스로 물어라.

* 나는 배우자와 가족과 어떻게 관계를 발전시켜 가고 있는가?
* 나는 건강을 어떻게 발전시켜 가고 있는가?
* 오늘 나는 무엇으로 회사에서 나의 가치를 발전시켜 가고 있는가?
* 즐거움과 기쁨을 어떻게 발전시켜 가고 있는가?
* 기타 오늘 무엇을 발전시켜 가고 있는가?

나는 여러분의 삶에 커다란 스트레스를 주거나, 커다란 변화를 일으키기를 원하고 있는 것이 아니다. 여러분의 삶과 일상의 활동, 여러분이 취할 수 있는 작은 행위를 개선해 나가기를 제안하고 있는 것이다. 오늘 여러분을 즐겁고 신나게 만들 수 있는 것은 "완전이 아니라 발전"이라는 것을 마음속에 새겨야 한다.

J씨 이야기

그는 부동산 관리회사의 성공적인 부동산전문가였다. 그는 자기 일을 아주 좋아하며 성공적으로 활동하고 있었다. 나를 만났을 때 그의 관심은 오로지 승진에 있었다. 내가 그와 함께 승진 프로그램을 짜고 있을 때 그의 회사는 다른 회사와 합병되고 있었다. 결국 얼마 가지 않아 그의 회사는 문을 닫았다. 그는 쇼크를 받았고, 겁을 집어 먹었다. 앞으로의 생활 때문이었다.

나는 그가 새로운 직장을 선택하는 길을 코치하기 시작했다. 고용주가 그에게 바랄 것을 깨닫도록 권장했고, 그가 선택할 곳은 그 자신을 팔기보다 그가 좋아하는 곳이라고 인식시켰다. 나는 자신의 고용주를 스스로 선택하라고 권했다. 나는 그가 원하는 것을 고용주가 알도록 전략을 세웠고, 그는 이런 목표를 갖고 다른 회사를 찾아갔다.

그가 주장한 아이템의 하나는 7시 이후와 주말에는 일하지 않는다는 것이었다. 그는 면접 과정에서 이것을 의논했다.

이 주장이 취업에 방해가 되지 않을까 그는 걱정했다. 하지만, 그의 주장이 받아들여졌고, 원하는 대로 취업이 결정되었다.

그는 지금 주말에는 아이들과 함께 지내고, 저녁이면 체육관에 가거나 친구들과 사교모임을 갖고 있다. 그의 삶은 좋은 문화 활동, 친구의 사귐 등 그가 살아가는데 만족스런 환경으로 채워져 있다. 그는 주말의 일이나 24시간 메일이나 전화통과 살아야 하는 자신의 일에서 해방되어 진정한 자신의 삶을 즐기면서 살아가고 있다. 진정한 의미에서 일이란 과연 우리에게 무엇인가?

그는 샐러리맨으로 생활한 기간 중에서 가장 성공적인 해를 맞고 있고, 자신의 삶에 만족하고 있다. 그는 작게 일을 하면서도 신나게 일해서 높은 보수를 받고 있다.

L씨 이야기

그가 나를 찾아왔을 때 수습기간을 막 마친 전국 소매체인을 가진 회사의 지역지점 판매 사원이었다. 그는 직장을 잃을까 걱정이 되어서 불안에 떨고 있었다. 그는 지나칠 정도로 열심히 일을 했고, 그것이 스트레스가 되어 동료나 점장과 사이가 좋지 않았다.

나는 그가 다른 직장을 찾기 전에 그가 맡은 직무, 계산 등 그의 문제를 고용주가 알 수 있도록 현재의 상황을 재설정하기를 그에게 요청했다. 나는 그에게 부족한 기술적인 면을 트레이닝 하도록 도왔고, 일을 적게 하는 방법을 가르쳤다. 그리고 그가 가졌던 모든 미친 시간을 줄이게 했다.

하지만, 나의 제안을 따른 뒤에도 그는 여전히 일을 그만두고 싶다고 했다. 그는 회사의 일이나 매니지먼트가 즐겁지 않다는 것이었다. 그는 자기가 좋아하는 취미 주변에서 직업을 찾기 시작했고, 돈이 건강과 웰빙만큼 귀중한 것이 아니라는 것을 배웠다고 했다.

그는 봉급이 적더라도 자기가 좋아하는 분야에서 일을 하기를 결정했다. 그는 작은 중소기업에 취직을 했고, 회사도 그의 제안으로 받아들였다. 그는 즐기면서 일할 수 있는 곳을 택한 것이다. 봉급은 아주 낮았지만, 그의 아내가 좀 더 일하기로 결정했다. 이제 스트레스는 사라졌고, 지금은 웃으면서 밝게 살아가고 있다고 한다.

S양 이야기

그녀는 간호사로 일하고 있었다. 3교대로 일하기 때문에 자기 시간을 일정하게 가질 수 없다는 것이 그녀의 불만이었다. 그러므로 집에 머물 때도 자기가 원하는 것을 하기가 힘들고, 하루 종일 집안에만 처박혀 있는 것이 일상이었다. 하지만, 생활의 안정 때문에 직장을 버릴 수는 없다고 생각하고 있었다. 그것이 마음속 가치와 충돌을 일으켜 고통을 느끼고 있었다.

나는 그녀에게 먼저 고용주를 찾아 그녀의 마음을 솔직하게 말해보라고 권했다. 그녀는 보수를 적게 받기로 하고, 낮 근무만 하기로 결정했다. 그녀는 매일 다섯 시면 퇴근하여 집으로 돌아와 개인적인 관계를 넓혀가고 있다. 그것이 그녀가 원했던 일이었다.

그녀는 자기가 하기를 원하는 것이 무엇인지는 알았지만, 그것을 어떻게 만들어야 하는지는 몰랐다. 그녀는 자기 생각은 꿈에 지나지 않고, 그런 말을 하면 고용주가 당장 해고할 것이라고 생각했다. 하지만, 그녀가 용기를 갖고 갈망을 표현했을 때 고용주는 그녀를 칭찬하고 그녀의 제안을 받아들여주었다. 그녀는 지금 자기가 하고 싶어 하는 일을 하는 방법대로 일하고 있다.

스트레스가 성공을 죽인다.

  여러분이 직장에서나 또 다른 일로 더 행복할 수 있는데, 처리하는 방법을 배워야 할 부분을 가지고 있다면 그것이 스트레스가 된다. 스트레스의 극단적인 부정적 기준이 여러분을 죽일 수 있다. 지구상에서 스트레스가 없는 사람은 단지 1미터 미만인 어린이들뿐이다.

  스트레스란 우리를 짜증나게 만드는 것이다. 어떤 양의 압력은 건강하고, 사람에게 최선을 가져다준다. 문제는 현대 사회가 위험한 수준으로 스트레스를 가져오고 있

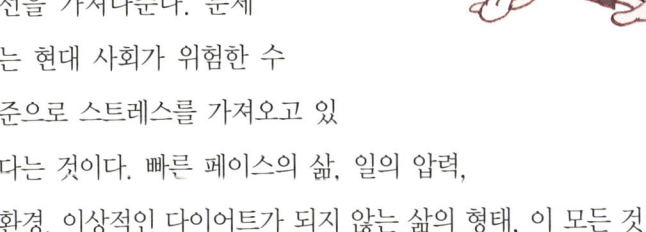

다는 것이다. 빠른 페이스의 삶, 일의 압력, 환경, 이상적인 다이어트가 되지 않는 삶의 형태, 이 모든 것이 우리들에게 커다란 스트레스를 상승시킨다.

  만일 여러분이 신나게 일하고, 행복하게 살아가기를 배우고

싶다면 여러분의 삶 속에서 스트레스를 극복하는 방법을 찾아야 한다. 명상, 취미, 운동, 요가, 산책, 친구, 가정, 또는 애완동물이 일상적인 생활의 스트레스를 줄이는데 도움을 줄 수 있다. 다음 몇 페이지는 당장 출발할 수 있는 것들이다. 만일 더 배우기를 원한다면 서점을 찾아라. 상세하게 설명한 많은 책이 준비되어 있을 것이다. 또한 지역 교육센터는 그런 강좌를 개설하고 있다. 여러분을 위한 활동적인 것을 선택하라. 사람마다 차이가 있다. 나에게 맞는 것이 여러분에게는 맞지 않을 수도 있다.

〈실습〉 스트레스를 줄이는 방법

* 편안하게 아침을 출발하기 위해 날마다 15분 일찍 일어나라.
* 긴장을 풀기 위해 날마다 운동하라.
* 규칙적으로 길고 깊게 숨 쉬는 것을 습관화하라.
* "해야 한다." "하지 않으면 안 된다"라는 말을 줄이고, 진실로 하기를 원하는 목표의 일을 만들어라.
* 날마다 뉴스를 보지마라.-그것은 부정적인 일로 채워져 있다.
* 운전할 때 음악을 들으면서 천천히 운전하라.

＊ 날마다 몇 분은 조용히 앉아서 명상하라.
＊ 초조하게 느끼지 않도록 약속 사이의 시간을
　충분하게 만들어라.

고요하라, 그리고 찾아라.

　명상을 규칙적으로 연습하면 스트레스가 감소한다고 잘 알려져 왔다. 명상은 복잡하게 하는 어떤 행위가 필요한 것이 아니다. 그저 고요하게 앉아라. 그리고 사고(思考)를 주시하라. 그저 조용한 관찰자가 될 뿐, 여러분의 생각에 사로잡히지 않도록 하라.

　여러분이 원한다면 들이쉬고 내쉬는 여러분의 호흡을 관찰할 수도 있다. 그저 조용히 앉아서 여러분의 사고가 가는 대로 내버려 두어라. 규칙적으로 연습하면 여러분의 마음이 차분히 가라앉아 '재잘재잘' 지껄이는 것을 느낄 수 있고, 고요를 느끼기 시작할 것이다. 이 느낌은 날마다 여러분이 신나게 활동하는 대로 여러분과 함께 머물 것이다.

　어떤 사람은 특별한 기술을 배우는 교실을 찾고 싶을지도 모른다. 그것이 좋다면 그렇게 해도 좋다. 또한 조용히 생각을 하는 동안 평화스런 음악을 듣고 싶을지도 모른다. 그렇게 해도 좋다. 여러분을 위해 어떤 움직임이 일어나는 것을 찾을 때까지 다른 기술을 시도해보라. 하루에 20분씩 고요한 시간을 만드는데 투자하는 것은 재생된 에너지와 멋진 감각을 몇 배로 되돌려 줄 것이다.

시간을 경영하라.

우리는 모두 똑같이 하루 24시간을 갖고 있다. 그럼에도 어떤 사람은 엄청난 과제를 수행하고, 또 어떤 사람은 시간이 모자라서 쩔쩔맨다.

어째서 어떤 사람은 더 시간을 가진 것처럼 보일까? 대답은 아주 간단하다. 그들은 자기 시간을 잘 이용하고 있는 것이다. 나는 다른 누구보다도 충동적으로 하기를 좋아한다. 하지만, 여러분이 삶을 더 지배하고 싶다면 시간 경영 시스템을 도입하는 것이 아주 중요하다.

여러분이 시간을 체계화하면 분명히 시간을 더 많이 가진 것처럼 느낄 것이다. 엄청난 양의 시간경영도서, 테이프, 세미나가 있지만, 가장 단순한 생산적인 기술의 하나는 다음과 같은 것이다.

여러분이 해야 할 일 중 가장 중요한 것 다섯 가지의 목록을 만들어라. 그리고 그것을 완전히 끝낼 때까지 다른 것은 아무 것도 하지 마라. 아주 복잡한 현실 속에서 이 말은 지나치게 단순한 것처럼 보일지 모르지만, 약 2주일 동안만 시도해보라.

이 단순한 기술은 최고수준의 기업 이사, 기업가들이 50년 이상이나 해오고 있는 방법이다. 그 열쇠의 비밀은 10개나 20개의 아이템 대신에 딱 5개만 작성하는데 있다. 이 일은 여러분의 에너지의 초점을 집중시킬 것이다.

산만한 생각이 줄어든다면, 그리고 오직 5개의 아이템만 선택한다면 여러분의 가장 중요한 에너지를 가장 중요한 생산적인 방향으로 쏟을 수 있을 것이다. 바쁜 일을 하는 여러분의 가치 있는 시간을 낭비하기보다 차라리 그만큼 성공과 관계있는 일을 할 수 있을 것이다. 만일 그 목록을 이미 완수했다면 차선의 중요한 과제로 옮겨라.

건강을 지켜라.

미국을 비롯한 선진국 사람들은 이미 웰빙이라는 것이 거의 생활화되어 있다. 사람들은 이미 '의사의 처방'만 앉아서 게으르게 기다리지 않는다. 나는 여러분에게 의사의 지시를 따르지 말라고 말하고 있는 것은 아니다. 하지만, 능동적으로 여러분 자신의 건강을 지켜야 한다.

물어서 배워라. 잠시 동안 의사에게 묻기를 주저하지 마라. 아직도 환자의 질문에 잘 가르쳐주지 않은 의료관계자들이 있다. 그럼에도 환자들은 이런 사람들을 찾아가야 한다. 여러분 건강에 관심이 가는 것은 올바로 알아야 한다. 여러분에게 만족하게 대답을 해줄 수 있고, 여러분의 문제를 상세하게 설명해주는 가정의를 만들어라.

건강식품 시장이 매년 엄청난 속도로 성장하고 있다. 이것은 모든 사람들이 자기 건강은 스스로 지켜가고 있다는 반증이다. 여러분도 자신의 건강은 스스로 지켜야 한다.

"매순간, 그리고 매일 당신이 생각하는 것으로 당신의 삶이 쌓여 간다. 그것으로 자신의 운명을 새기고 있는 것이다."

-루스 바릭 골든(Ruth Barrick Golden)

자신에게 무슨 말을 하고 있는가?

일상생활에서 여러분은 자신에게 무슨 말을 하고 있는가? 여러분은 일을 잘했다고 자신을 칭찬하고, 그저 인간적으로 실수를 받아들이고 있는가? 또는 매일 사소한 일마다 낙담하는 습관을 갖고 있는가?

나는 스스로 '멍청이' '바보'라고 말하거나, 다른 방법으로 자학하는 사람들을 볼 때마다 비애를 느낀다. 그것은 여러분이 할 수 있는 가장 나쁜 파괴적인 행위 중 하나이다. 그리고 그런 행동이 여러분의 성공을 가로막을 것이다.

우리는 그저 인간에 불과하다. 우리는 모두 실수한다. 우리는 모두 새로운 기술을 배우거나, 골프를 배우거나, 개인적으로 어려움을 느끼는 어떤 일이든지 적응할 때까지는 힘든 시간을 갖는다. 그것이 다른 사람보다 지능이 떨어진다는 이야기는 아니다. 우리는 모두 실수를 한다.

여러분 자신의 실수를 받아들이는 방법을 배워라. 여러분 자신이나 주변에 대해서 자학하지 마라. 자신에게 하는 말, 하루 종일 지속하는 정신적인 이야기는 여러분의 성취의 수준과 밀접한 관계가 있다. 여러분의 무의식은 현실과 상상의 차이

를 모른다. 여러분이 주는 명령은 무엇이든지 작동해야 한다
고 믿는다.

전환을 위한 말

이것은 수년전 연구된 개념의 신비한 말로 타임지에 보도되
었다. 그것은 어떤 주어진 상황이나 감정의 경험을 기술하는
데 이용하는 '전환하는 말' 이다.

만일 여러분이 더 좋아지고 싶다면 좋은 감정을 확대하는
말을 이용하라. 예를 들어, 어떤 사람이 어떻게 지내느냐고 물
으면 '좋아.' 라고 말하는 대신에 '아주 좋아.' 라고 말하는 것
이다. 말하는 선택의 이런 단순한 변화가 여러분이 느끼는 것
을 변화시켜 줄 것이다.

불쾌한 일에 부딪쳤을 때 언짢은 기분을 덜 느끼려면 사용
하는 단어의 충격을 줄여라. "난 내 일이 지긋지긋해."라고 말
하는 대신에 충격을 최소화하는 단어를 사용하라. "난 내 일
을 정말 좋아하지 않아."라고 말하는 식이다. 일에 대해 똑같
이 싫어하는 감정일지라도 그 상황에 대한 충격을 덜 받게 된
다.

즐겁지 않은 상황을 기술하는 단어의 자극을 줄이고 즐거운 감정이나 상황을 기술하는 단어를 강하게 사용함으로써 여러 분의 삶에 대해서 보다 더 행복하게 느끼게 될 것이다.

9. 창업으로
성공하려는 사람에게

"당신의 운명을 결정하는 것은 우연이 아니라, 선택이다."
−진 니데치(Jean Nidetch)

나와 관계가 있는 많은 사업가들은 자기들의 삶을 단순화하기를 원한다. 그들은 치워버려도 비난받지 않을 것처럼 보이는 많은 사소한 일에 시간을 소모하고 있다. 그리고 그들은 균형을 벗어난 삶을 살고 있다고 말한다. 그들은 사업과 개인적인 삶을 분리해서 살고 있고, 가족이나 친구들과 더 자주 함께 지내지 못한다는 것에 죄책감을 느끼고 있다.

여기에 나와 관계가 있던 사업가들에게 내가 들려준 팁이 있다. 아주 작은 대가로 더 성공을 만드는 것들이다.

1. 참고 있는 일이나 사람을 제거하라.

2. 함께 일하는데 즐겁지 않은 고객을 제거하라.

3. 자신을 위해 반드시 하루에 한 시간씩
   최선의 자유 시간을 가져라.

4. 재능 있고, 동기부여가 높은 사람들을 주변에 두어라.

5. 방해 없이 자유스럽게 일하라.

6. 돈벌이가 되지 않는 활동은 위임하라.

7. 조언자(코치)를 가져라.

사업가처럼 여러분의 삶을 단순화 하고, 여러분의 특성에 초점을 맞추는 것이 중요하다. 여러분의 존재 자체는 여러분의 인생을 창조하기를 원한다. 그것이 인간관계, 체계화, 돈, 인식, 새로운 방법 중 어떤 것인가?

그 다음은, 날, 일주일, 달마다 여러분의 활동력과 성취를 계획하고, 속도를 늦추면서 초점을 맞춰라. 혼돈을 지배하고, 활동력을 늦추고, 결과를 증명하라. 팀에서의 여러분의 일을 체계화하라. 다른 사람으로부터 지원을 받는 사람들은 삶의 상황마다 엄청난 이득을 얻는다. 다른 사람이 할 수 없는 사업 과제에만 초점을 맞춰라.

목표를 가졌는가? 그렇다. 지금 그것을 설명하고, 그것을 밀어붙이고, 그것을 크게 성장시켜라! 그것을 보이게 하라. 다른 사람에게 그것을 확실히 하라. 그리고 결과를 얻을 수 있도록 뼈대를 짜라.

단순한 아이템으로 마케팅과 세일에 초점을 맞추는 대신에 광범한 가치의 창조에 초점을 맞춰라. 다른 사람들이 더 가치를 갖게 하는 방법을 배워라. 그러면 여러분은 강력한 사업을 할 수 있을 것이다. 여러분의 제품을 서비스로 전환하라. 독특한 경험으로 제품과 서비스를 생산하여 봉사하라. 이것이 여러분을 창조적으로 만들고, 시장에서 여러분에게 차이를 만들 것이다.

창업의 선택–여러분의 필요는 무엇인가?

여러분의 필요를 확인하라. 만일 여러분이 창업이나 새로운 사업정신에 맞는지 알기 위한 자료를 찾는다면 이 질문들을 이용하라.

＊ 개인적 목표는 무엇인가?

* 어떤 종류의 삶의 스타일로 향하기를 바라는가?

* 효과적이고 신속히 실행할 수 있는 결단을 내릴 수 있는가?

* 힘든 일과 긴 시간 일할 수 있는 능력이 있는가?

* 목표를 설정하는 것이 능숙한가?

* 트레이닝의 기준을 갖고 있는가?

* 사업을 설정하고 결정하는데 몰두할 수 있는 충분한 것을
  갖고 있는지 알 수 있는가?

* 자신감이 있는가?

* 문제 해결에 능숙한가?

* 실패를 극복할 수 있는가?

* 자발적으로 하고 있는가?

H씨 이야기

  그녀는 정부 산하 기업체에서 20년 넘게 비서로 근무했다. 회사는 살빼기 작전에 돌입하였고, 그녀는 구조조정에 걸려 퇴직하였다. 그녀는 퇴직 전에 실무보조자로 자신의 사업을 시작하고 싶다고 말했다. 그녀는 특정 사무실에서 일하지 않고, 실제적인 협조자처럼 컴퓨터, 전화, 팩스로 전국 여러 곳에 있는 사람과 일

할 수 있도록 프리랜서로 일하고 싶어 했다.

그녀는 해직에 따른 여파로 약간의 두려움이 있었다. 그래서 나는 압박을 없애도록 장려하고, 개인적 교제 목적으로 다른 사람과 만날 수 있는 아르바이트를 갖도록 했다. 그리고 새로운 사업에 초점을 맞출 수 있도록 마음을 비우게 했다.

그녀의 꿈은 자신의 사업을 갖는 것이지만, 성공할 수 있을지, 너무 나이가 많은 것이 아닌지, 원하는 것만큼 수입이 생길지, 남편과의 관계가 괜찮을지 등등 두려움이 많았다. 그녀와 함께 사업예산을 짤 때 나는 일단 수입은 제쳐놓고, 가정의 경비도 줄였다. 그리고 그녀가 자기 사업을 만드는데 완전히 바꿔도 스스로 즐겁게 할 수 있는 것만 남겼다. 그녀의 사업에 대한 정열에 계속 초점을 맞추면서 네트워크에 대한 전략을 개발하여 판매와 거절에 대한 두려움을 극복해나갔다. 그리고 고객 베이스를 개발하고 그녀의 서비스를 이용할 수 있는 새로운 사람들을 만났다.

작은 고객 베이스가 만들어졌을 때 나는 그녀에게 사업으로 완진히 개발히기 위해 "짜증나는" 낮일을 포기하고 뛰어들어야 한다고 말했다. 그녀는 놀랐지만, "사랑하는 것"을 추구하는 것이 필요하다고 결정했다. 그는 뛰어들었고, 자기 사업에 만족했다. 사업은 성장하고 있고, 적은 수입에도 덜 스트레스를 받는 법을

191

배우고 있다. 그녀는 지금 취미도 갖고 있고, 운동도 하면서 가족들과 더 많은 시간을 보내고 있다.

C씨와 K씨 이야기

그들은 수년 동안 인터넷 쇼핑몰에 관심을 갖고 있었다. 그들은 제품개발과 사업체를 갖는 것에 아주 열정적이었다. 열정을 가진 것만큼이나 그들이 개발한 제품도 잘 팔렸다. 점점 체계화가 필요해졌다. 하지만, 많은 사원들을 뽑을 수도 없어 소수의 인원으로 일을 수행해야 만했다. 이것이 그들을 피로에 지치게 만들었고, 전체적인 사업에 대하여 환멸까지 가져왔다.

나는 사업에 처음 뛰어들었던 때의 정열적이었던 시절을 재평가하여 완전한 가치를 도왔고, 그것으로 일하기를 원했다. 그들은 때에 맞춘 적절한 시간 경영기술이나 체계적인 도구를 갖지 못했다. 그러므로 동기부여가 때맞춰 뒤따르지 못했다는 것을 인식했다. 나는 주어진 일주일 속에 정해진 숫자의 인원을 미리 확보하는 창조적인 일정으로 그들을 도와주는 체계화된 도구를 개발했다. 그들은 자신들의 사업에 대해서 사람들에게 말하는 새로운 방법을 배웠고, 그 방법이 자연스럽게 느껴져서 보수에 비해

힘든 판매처럼 보이지 않았다.

그들은 짧은 시간 안에 낮은 봉급의 많은 사람을 뽑을 수 있었고, 이것이 진실로 그들이 원했던 사업이고, 함께 일하기를 원했던 것이라는 사실을 깨달았다. 새로 확립된 정열로 개인적인 필요를 성취하고, 개성을 위해 올바르다고 느끼는 방식으로 사업을 대하자 일하기가 훨씬 더 쉬워졌다.

취미를 사업으로 전환하라.

P씨 이야기

P씨는 언제나 손으로 만드는 일을 좋아했다. 그녀는 돌이나 은으로 귀중한 보석을 만들기도 했다. 그녀는 친구를 위해서 그것을 만들어 특별한 경우에 선물로 주었다. 그러던 중 자동차 사고로 오랫동안 작업을 할 수 없었다. 회복 기간 중 절망을 피하기 위해서 취미로 돌이기 더 보석답게 만들기 시작했다. 그녀의 친구가 그것을 보더니 아주 독특하니까 악세사리 상점으로 가져가보는 것이 어떻겠느냐고 제안했다.

그녀는 강남에 있는 브티크를 찾아서 상점 주인에게 보였다.

그 주인은 물건을 보더니 흥미를 나타냈고, 만들어서 가져오라고 했다. 그녀는 신이 나서 더 정교한 물건들을 만들기 시작했다. 때마침 그 브티크에 단골이던 한 탤런트 눈에 그 물건이 띄어 그녀가 착용하자 그 물건은 금방 유행을 타기 시작했다.

P씨는 지금 보석 디자이너로써 행복한 활동을 하고 있다. 이 밖에도 자기 정열로 성공한 많은 비슷한 사람들의 이야기는 셀 수도 없이 많다. 사업으로 전환시킬 수 있는 취미를 가졌는가? 종종 순수한 즐거움이 위대한 성취를 가져올 수 있는 경우가 있다.

파트타임 사업

위험을 가장 적게 하는 하나가 파트타임으로 사업을 시작하는 것이다. 많은 사람들이 인터넷 쇼핑몰에 관심을 갖고 있고, 또한 포털사이트는 사업을 '쉽게' 하기를 원하는 사람들을 위해 디자인되어 있다. 그들은 현재의 직업을 안전하게 유지하면서 사업할 수 있는 길을 열어주고 있다.

최선을 다하라.

아마 여러분도 최선을 다하여 과감히 준비하고 있을 것이다. 만일 창업이 여러분의 결단이라면 전환을 더욱 쉽게 할 수 있는 몇 가지 제안이 있다.

첫째로, 바닥까지 내려가서 새로운 모험을 시작해야 하기 때문에 몇 개월의 생활비는 남겨 놓아야 한다. 가능하다면 사업으로 뛰어들기 전에 여러분의 예산 가운데 6개월에서 1년까지의 생활비는 남겨놓아야 한다.

둘째로, 하나나 둘의 잠재적인 고객 라인을 가져야 한다. 때때로 그것은 여러분이 다니던 전 회사의 사장일 수 있다. 전 사장에게 하청인으로서 시작하는 수많은 회사가 있다.

실제로, 여러분의 부서가 문이 닫힌 것을 본다면 여러분 회사가 벤더가 되어 하청회사로서 사장에게 접근하는 것도 생각해볼 수 있다. 그 일을 처리하는데 가장 적임자가 누구일까? 여러분은 회사를 잘 안다. 직장의 모든 뉘앙스에 익숙해 있고, 산업지식도 갖고 있다. 여러분은 새로운 벤더가 될 수 있는 완전한 위치에 있다.

새로운 사업을 시작하는데 이용할 수 있는 수많은 책이 있다. 읽을 마음만 있다면 서점의 책꽂이에 가득 널려 있다. 또한 여러분이 뛰어들려고 하는 분야가 어디이든 전문가들로부터 조언을 들을 수 있는 정부 보조기관들이 많이 있다. 인터넷을 검색하여 찾아보라. 그들은 스스로 새로운 사업을 출발한 경험이 있는 자원봉사자들이다. 그들의 말을 경청하라.

10. 현재의 직장에서
성공하기를 바란다면

"모든 사람이 똑같은 악기를 연주한다면 화음을 만들 수 없다."
-더그 플로이드(Dough Floyd)

　　　　여러분이 현재의 직장을 떠나고 싶지 않다
면 어떨까? 또는 자신의 사업을 하고 싶지 않다면 어떨까? 여
러분이 있는 곳이 이성적으로 행복한 곳인가? 여러분의 회사
에 가치를 더하기를 원하고 있는가?

　정리해고를 단행할 때마다 가차 없이 쉽게 처리하는 회사들
을 주변에서 늘 본다. 어떤 회사는 봉급이 적은 젊은이들로 봉
급이 많은 장년들을 대치하는 방법으로, 또는 자기들이 원하
지 않는 사람들을 제거하는 방법으로 정리해고를 이용한다.
어떤 경우이든 그들은 가장 가치 있는 고용인을 내보내는 일
은 드물다.

언제나 요구되는 열쇠의 하나는 여러분의 자리에 지속적으로 가치를 더 보태는 것이다. 여러분의 역량이 높아지면 높아질수록 어떤 일이 일어나도 여러분이 요구하는 대로 회사는 해줄 것이다. 그것이 여러분을 굳게 세우는 것이다.

우리는 각자 사장이다.

오늘날의 직장은 근본적으로 우리들 모두가 사장이다. 회사에 대한 여러분의 가치가 회사를 위한 것이 된다. 그리고 시장에서의 여러분의 가치는 기술과 지식에 기반을 두고 있다. 여러분의 기술이 지금의 회사의 가치를 만든 것이 사실일지라도, 그 기술이 내일도 그렇게 만들 수 있을지는 의문이다. 여러분이 자신의 개발에 대하여 책임을 지지 않는 한, 여러분은 하루아침에 쫓겨나는 신세를 면치 못할 것이다.

여러분이 직장에서 안전하고 싶다면 회사가 고용한 독립된 인간 자원이고, 회사가 제공하는 봉사료를 받는 것이라고 생각하라. 여러분이 스스로 전문적인 성장에 책임을 질 때 현재나 미래의 어떤 고용주들도 여러분의 기술 가치를 지속적으로 필요로 할 것이 분명하기 때문이다.

이런 생각으로 살아가는 사람들은 눈에 보일 때마다 새로운 기술을 배우거나 업그레이드하면서 자신의 일을 수행한다. 그들은 회사 돈이든 개인 돈이나 관계없이 세미나에 참석하거나 학원을 다닌다. 그들은 자기 업무에 도움이 되는 이용 가능한 모든 도구를 활용하고, 개인적이거나 전문적인 개발 프로그램에 종사한다.

이런 사람들은 정리해고를 할 때 최후까지 남는 사람이고, 대기업에서 스카웃해 가는 사람이다. 이런 사람이 된다면 미래의 안전에 대하여 결코 걱정하지 않아도 될 것이다.

삶을 위한 배움을 지속하라.

"나는 아직도 배우고 있다."

−미켈란젤로(Michelangelo)

대부분의 사람들은 정규교육이 끝나며 배움은 끝이라고 생각한다. 그것은 정말 황당한 이야기이다. 여러분의 나이나 상황과 상관없이 삶의 한 부분으로 배움을 가진다면, 여러분은 더 행복하고, 더 생산적이 될 것이며, 재미있는 경험을 지속적

201

으로 공급받게 될 것이다.

　어느 목재회사의 직원으로 산에서 나무를 자르는 나무꾼이 있었다. 그는 3년 동안 같은 회사에서 일을 했지만, 봉급이 오르지 않았다.

　어느 날, 새로운 나무꾼이 입사했다. 그는 입사한지 몇 달이 되지 않아 봉급이 올랐다. 화가 난 앞의 나무꾼이 상사를 찾아가서 따졌다.

　"아니, 그럴 수가 있습니까? 나는 입사한지 3년이 지났지만, 봉급 한 푼 올려주지 않더니 새로 입사한 사람은 몇 달이 되지 않았는데도 봉급을 올려주다니요?"

　그러자 상사가 말했다.

　"우리 회사는 실적을 중히 여긴다네. 자네는 생산량이 3년 전이나 지금이나 똑같잖아. 그런데 그 사람은 그렇지가 않다네. 자네도 돌아가서 생산량을 올려보게."

　그 나무꾼은 다시 산으로 돌아가 전보다 더 열심히 나무를 잘랐지만, 생산량의 변화가 전혀 없었다. 그 나무꾼은 다시 상사를 찾아갔다.

　"아무리 열심히 해도 똑같은데, 무슨 비법이라도 있습니까?"

"글세, 나도 모르겠네. 어쨌든 그 친구에게 가서 물어보게나."

나무꾼은 후임자를 찾아서 무슨 비법이 있느냐고 물었다. 후임자가 대답했다.

"당신은 도끼를 언제 갈았지요? 나는 한 나무를 자르고 잠깐 쉬는 동안, 다음 나무를 자르기 위해 도끼를 새로 갈지요."

이 이야기의 주제가 무엇인지 이해가 되는가? 여러분의 도끼는 언제 갈았는가? 도끼를 날카롭게 갈아놓지 않으면 아무것도 자르지 못한다. 우리는 늘 깨어서 배워야 한다. 학교를 졸업했다고 배움이 끝난 것이 아니다. 변화하는 세상에 맞춰 우리의 도끼는 늘 갈아 있어야 한다.

지속적인 교육과 트레이닝

교육과 트레이닝은 여러분이 직업을 얻거나 지속하는데 도움을 줄 수 있는 지식과 기술을 갖추는 공식적인 과정이다. 거의 모든 직업은 어떤 트레이닝이 요구되고 있고, 더구나 여러분의 전체적인 직장생활을 위해서는 하나의 과정이나 트레이닝만으로는 부족할 것이다.

*여러분의 목적을 결정하라.

무엇이 여러분의 필요인가? 여러분의 기술, 능력, 직업목표, 경제적 상황 등을 확인하라. 단기간과 장기간이 필요한 교육적 목표를 세워라.

*여러분의 선택을 확인하라.

여러분의 현재 능력을 업그레이드하고 싶은가? 어떤 배움의 선택이 여러분에게 도움이 될까? 성인 교육, 인터넷에서 배우기, 집에서 공부하기, 학원에서 배우기와 같은 이용가능한 기회를 찾아라. 경제적으로 가능한가? 무엇이 당신에게 유용한가?

*계획을 세워라.

몇 단계로 할 수 있는가? 교육이나 트레이닝 목표를 성취하기 위한 계획을 세워라. 어디에서 시작할 수 있는가? 문화학원 강좌나 대학의 성인교육과정을 알아보면 좋을 것이다. 인터넷 교육 강좌도 찾아보아라. 여러분의 교육적 목표를 향하여 한걸음 한걸음씩 전진하는 계획을 세워라.

긍정적인 태도를 유지하라.

아무도 부정적인 사람을 주변에 두고 싶어 하지 않는다. 다른 부정적인 사람이라면 모르지만. 여러분의 태도는 선택이다. 여러분은 긍정을 선택할 수도 있고, 불평이나 불만을 선택할 수도 있다. 개인적으로 나는 긍정을 선택하여 좋은 기분을 갖고 싶다.

긍정적인 태도를 선택하여 지속하는 간단한 방법은 날마다 신나는 테이프를 듣거나 읽는 것이다. 하루에 단 10분만 용기가 솟게 하거나, 신나는 책을 읽거나, 테이프를 듣는데 투자한다면 전보다 더 생기 있고, 좋은 감정을 느끼게 될 것이다. 의심난다면 30일 동안만 시도해보라.

책임지는 법을 배워라.

오늘날의 사업 환경에서 대부분의 사람들은 잘못한 일에 대해서 변명거리를 찾고 있다. 리더는 책임지는 사람이다. 미국의 대통령을 지낸 해리 트루먼이 말했듯이, "허풍은 여기서 멈춰라." 참된 리더가 되고 싶다면 행동과 결과에 대해 책임지기를 배워라. 만일 실수했다면 그것도 책임을 져라.

리더도 실수할 수 있다. 하지만, 그들은 그 실수에서 배우고, 그것 때문에 더 좋게 된다. 말한 것대로 행동하도록 하라. 이 단순한 행위가 대부분 말한 대로 따르지 않는 사람들 때문에 여러분을 그들 위에 서게 한다.

여러분들이 누군가와 약속하고 싶다면 다음 주에는 전화를 하라. 그렇게 하라. 여러분이 누군가에게 편지를 보내고 싶다면 그렇게 하라. 많은 사람들이 이것에 감사하는 것을 보고 놀랄 것이다.

변화에 적응하라.

여러분이 그저 살아가기보다 번영하고 싶다면 차이를 나타내는 변화를 향하여 긍정적인 태도를 개발해야 할 것이다. 우리의 직업문화는 급속히 변화하고 있다. 행복하기를 원한다면 우리는 이 변화에 적응하는 방법을 배워야 한다.

팀워크 기술을 배양하라.

회사는 팀플레이를 원한다. 직장에서 발전하기 위해 여러분은 팀워크의 기술을 배양해야 할 것이다. 많은 팀워크 양성책과 트레이닝 프로그램과 함께 아래의 팁에 주의하라. 만일 더 배우기를 원한다면 필요한 재료를 찾아라. 최선의 결과를 이루고, 다른 사람과 일을 잘하기 위해 개발할 내용이다.

* 팀플레이어가 되어라.
* 조직의 목표에 헌신하라.
* 그룹 문화 내에서 일하라.
* 다른 사람과 함께 결정하고 계획하라. 그리고 그들의 관점과 목적을 지원하라.
* 그룹 내의 다른 사람의 의견을 존중하라.
* 그룹의 결과를 이루기 위해 '주고받기'를 실천하라.
* 직절하게 팀의 접근방법을 찾아라.
* 높은 실행을 위해 팀이 적절하게 움직일 때 리드하라.

동료 위로 올라서는 방법

승진하기 위해 여러분은 동료 위로 올라서야 할 필요가 있다. 일어서서 알릴 필요가 있다. 여기에 평가를 높일 수 있는 몇 가지 방법이 있다.

* 중요한 문제를 해결하는데 협조하라. 여러분 자신의
  시간으로 조사하거나 여분의 일을 하도록 하라.
* 여러분 분야의 지식을 보이거나, 또는 잘 체계화된 것을
  집필하라. 여러분 회사신문이나 잡지, 또는 전문출판사와
  거래할 수 있다.
* 대화의 기술을 개발하라. 인터넷을 찾으면 많은 기관이 있다.
* 팀과 부서 외에 다른 사람들과 교제하라. 팀원이나 조업자에게
  도움을 제공하라. 하지만, 최고의 위치는 여러분의 것으로 하라.
* 현재의 이력서를 써라. 회사 내에 그것을 보낼 곳이 어디인지
  누군가 중책을 맡을 사람인지 물어라. 미래의 직장에서
  여러분이 중대한 사람이라는 것을 선택된 몇 사람에게 보여라.
* 일을 능숙하게 하고 그것을 확실히 알게 하라.

11. 새로운 직장이나 일을 얻고 싶다면

"한 밤의 꿈은 펼쳐질 다음 날을 위해 당신을 준비시키는 것이다."

−루시(Lucy)

　　때때로 행복하기 위해 새로운 직장을 찾아야 할 필요가 있을 때가 있다. 여러분의 상황이 그렇다면 여러분이 원하는 일을 찾을 가능성을 높일 수 있고, 더 효과적으로 진행할 수 있는 몇 가지 방법이 있다.

　여러분들이 이 책의 실습과정을 완전히 수행했다면, 그리고 여러분의 직장에서 진실로 원하는 것에 대하여 반응할 수 있는 시간을 보냈다면, 이상적인 직업을 찾기 위해 사전에 준비할 일이 있다. 이 과정에서 여러분을 도울 수 있는 몇 가지가 있다. 홍보기술, 자기소개서, 그리고 면접기술이다.

이상적인 직업을 위한 홍보기술

이상적인 직업을 찾기 위한 가장 좋은 방법의 하나는 여러분의 개인적인 네트워크를 통하여 전파하는 것이다. 여러분의 친구들, 동창들, 동료들은 고용정보를 갖고 있는 최고의 자산이다. 오늘날 같은 빡빡한 직장 시장에서 정보력은 취업에 커다란 도움이 된다. 가장 좋은 일자리는 알음알음으로 소개되는 일이 많다. 최고경영자 자리는 특히 그렇다.

여러분이 아는 사람을 생각하라. 누구를 알까? 여러분의 가족, 친구, 동료, 동창생, 친지, 안면 있는 사람을 모두 생각하라. 여러분을 가장 잘 아는 사람, 가장 좋은 자리에서 여러분을 도와줄 수 있는 사람을 여러분의 목록에서 우선순위에 놓아라. 여러분의 작은 아버지가 30년 동안 직장에서 근무하고 있다면 갓 출발한 여러분의 친구보다 더 좋은 자리에 있다. 작은 아버지의 제안이 여러분의 취업에 더 큰 영향을 미칠 것이다.

학교 선생님을 어떤가? 전공분야에 대한 취업이라면 학교 선생님이 많이 알고 있을지도 모른다.

부탁하고, 부탁하고, 또 부탁하라.

도움 요청을 두려워하지 마라. 서로서로 돕기를 원하는 것이 인간본성이다. 만일 여러분이 좋은 근로자라면 나는 여러분에게 나의 회사를 언급할 것이고, 그들은 여러분에게 거기에 직장이 있다고 말할 것이다.

여러분이 도와달라고 부탁할 때 특화하라. 여러분이 그들에게 문을 열어주기를 부탁한다면 이렇게 말하라. "영철아, 어떤 좋은 소식이 있으면 들려줘."라고 돌려서 말하지 말고, "난 지금 새 직장을 찾고 있어. 누가 너에게 사람 좀 추천해달라고 하면 나를 말해줄 수 있겠니?"라고 직접적으로 말하라. 그가 가까운 친구나 동료라면 그의 이름을 팔아도 좋은지 물어라. 그들이 좋은 친구라면 여러분을 위해 소개장도 만들어줄 수 있을 것이다.

원하는 것을 알아라.

도움을 요청할 때 여러분이 무엇을 할지, 여러분이 찾는 것이 무엇인지 생각해주기를 기대하지 마라. 그들에게 여러분의 경험이나 여러분이 찾고 있는 일의 종류를 말하라. 만일 여러분이 수년 동안 컴퓨터 오퍼레이터로서 근무했지만, 세일로 바꾸고 싶다면 그렇게 말하라.

우리가 하고 있는 일에 대한 사람들의 이해는 현실과 동떨어진 경우가 많다. 하루 종일 여러분이 어떤 일을 하고 있는지, 여러분의 가족이 알고 있던 때의 마지막이 언제인가? 여러분이 우리들 대부분을 좋아한다면 그들의 인상은 그렇게 박혀 있을 것이다.

만일 그들이 도와주기를 바란다면 여러분은 올바르게 세세한 것을 그들이 알 수 있도록 확실히 해야 한다. 여러분이 원하는 것을 더 잘 이해하도록 직업의 목표와 성취에 대해서 한 장 정도의 이력을 팸플릿으로 만들어서 그들에게 주는 것도 하나의 방법이다.

분리된 여섯 사람

어떤 사람이 여섯 사람 중 한 사람이라면 그 사람은 나를 알수 있다. 이것에 대해서 생각하라. 여러분이 아는 어떤 사람은 여러분이 만나기를 원하는 어떤 사람으로부터 먼 여섯 사람중 한 사람일 수 있다. 만일 여러분이 만나기를 원하는 특별한 사람이 있거나 여러분이 좋아하는 회사가 있다면 여러분이 아는 누군가 공을 굴릴 수 있다. 여러분이 필요한 것을 요청하여 제공되었을 때 도움을 기꺼이 받아들여라.

여러분의 책임

여러분이 누군가에게 도움을 요청했다면 그들의 도움에 대한 마무리도 확실히 하라. 필요할 때만 문을 열어놓는 것만큼 더 나쁜 일은 없다. 당신을 도운 사람은 바보같이 느낄 것이고, 아마 나시는 도올 생각을 갖지 않을 것이다. 또한 도와달라고 했던 다른 사람들에게도 작은 감사의 메시지를 보내라. 작은 선물은 그들의 노고에 대한 감사를 보이는 것이다. 사람들은 바쁘게 살아간다. 만일 여러분이 그들에게 부탁했다면

215

적어도 그들의 노력만큼은 알아주는 것이 여러분의 책임이
다.

자기소개서-개인적 판매도구

자기소개서는 판매도구이다. 그것은 특별한 과제를 위하여
여러분이 좋은지 나쁜지를 결정하도록 누군가에게만 보이는
도구이다. 그것은 여러분의 귀중한 대변인이다. 여러분의 직
업책임뿐만 아니라, 성취에 대해서도 직접적으로 자기소개서
에 써라. 자기소개서는 여러분의 사적인 세일즈맨이다. 그러
므로 여러분의 개인적인 강함을 쉽게 전달할 수 있어야 한다.

무조건 자기소개서를 쓰지 마라. 잠시 동안 조용히 앉아 여
러분이 성취한 모든 것을 목록으로 만들 수 있는 시간을 가져
라. 성취는 일을 수행한 기간이 아니라 결과이다. 결과는 여러
분을 높여주는 것이고, 여러분을 팔릴 수 있게 한다.

그 안에 헌신, 경제적 변화, 여러분이 개발한 프로그램, 여
러분이 일에 가져온 기술, 여러분이 조직에 준 새로운 아이디
어, 히트 친 목표 등을 포함할 수 있다. 자기소개서의 목표는
면접을 원하는 것이다.

면접의 문을 들어서기 위해 어째서 여러분이 필요한지 여러분이 쓴 자기소개서의 독자가 되어야 한다. 이것은 여러분의 직업 표현 때문이 아니라, 여러분의 성취 때문이다. 차이를 알겠는가?

일의 내용 속에 비전이나 목적을 포함하는 것을 기억하라. 이것은 여러분이 채우기를 원하는 자리의 높은 형태여야 하고, 여러분이 이미 아는 것과 회사가 찾는 것이 일치해야 한다. 컴퓨터를 이용하면 여러분이 제공하는 일과 일치하는 여러분의 목적을 쉽게 기술할 수 있다. 특별한 일의 각각 이력 아래에 설명을 붙여서 더 좋은 인상과 호감을 배가할 수 있다.

그 다음은 실무 요약을 만들어라. 이것은 여러분 자체를 보여주는 기술이고, 그런 재능을 높이는 것이다.

이제는 여러분의 전문적인 경험을 목록으로 만들어라. 다시 결과를 기술해야 한다. 여러분의 일 목적을 지원한다면 등급에 따른 교육과정도 목록으로 만들어라. 끝으로 어떤 전문기관에서 준 것인지도 포함하라.

마지막으로 두 번 세 번 체크하여 철자나 문법에 맞는지 확인하라. 좋은 인상을 주는데 필요하다. 자기소개서에 맞는 좋은 질의 용지를 사용하라. 이것이 여러분의 전단지라는 것을 잊지 마라. 여러분의 강력한 세일도구가 되도록 만들어라.

면접하기

존 F. 케네디가 연설에서 말했다. "국가가 여러분에게 무엇을 해줄지 묻지 마라. 여러분이 국가에게 무엇을 해줄지를 물어라." 이것은 국민들에게 아주 좋은 충고이다. 뿐만 아니라 면접 때에도 아주 좋은 충고이다.

많은 사람들은 오직 자기 자신에게만 관심이 있기 때문에 강한 인상을 심는데 실수를 만든다. 여러분에게 최근 가장 중요한 것이 무엇인지 대신에 먼저 회사를 위해 무엇을 할 수 있는지를 알기 바란다. 그러면 회사가 여러분에게 해줄 것을 얻을 것이다.

면접은 번창하는 기업주에게 여러분 자신을 파는 기회이다. 그것은 여러분의 기회이다. 여러분이 그 일에 대하여 완전한 사람이라는 것을 그들에게 확신시켜줄 단 한 번의 기회이다. 성공을 보장할 수 있는 방법이 있을까? 보증서는 아니지만, 몇 가지 준비가 여러분의 직장을 얻는데 도움은 될 수 있을 것이다.

준비하라.

이것은 보이스카웃의 좋은 충고이지만, 여러분에게도 또한 좋은 충고이다. 준비를 철저히 하면 여러분의 첫인상을 더 좋게 만들어줄 기회가 될 것이다.

면접 전에

면접하러 가기 전에 여러분이 면접하러 갈 회사, 제품 등을 조사하라. 이 일을 하는 가장 좋은 방법은 그 회사의 웹 사이트를 찾아가는 것이다. 여러분들은 아마 미래 고용주에 대하여 여러분이 원하는 모든 것을 찾을 수 있을 것이다. 그리고 그와 비슷한 다른 회사들도 체크하라. 여러분들이 그들의 사업에 대해서 더 지혜가 많으면 많을수록 여러

분이 일을 갖게 될 기회도 그만큼 많아질 것이다.

친구나 가족과 함께 사전에 면접내용을 연습하라. 그들이 면접내용을 질문하게 하고 여러분의 역량으로 대답해보라. 거울 앞에서 연습하라. 자신에 대해서 말할 것을 여러분이 원하는 것으로 계획을 세워라. 성과와 목표를 알아라. 면접을 잘할 수 있다고 확언하라. 그것을 완전히 믿지 않을지라도 잘못할 거라고 확언하는 것보다는 낫다.

면접을 그려라. 면접장에 있다고 상상하라. 조용히 앉아서 여러분 마음속에다 면접의 전 과정을 생각하라. 회사 사람이 질문하고 여러분이 대답하는 면접장에 있는 여러분 자신을 상상하라. 숨을 멈추고, 자신감과 편안함을 가져라.

여러분을 위해 멋지게 진행하고 있는 면접과정을 보라. 웃으면서 크게 말하고 있는 자신을 보라. 웃으면서 악수하고, 면접을 끝내고 일어나는 자신을 보라. 이 기술이 세일을 성공적으로 수행하는 톱 세일즈맨들이나 경기장에 나서는 일류선수들이 해오는 습관이다. 여러분을 성공으로 이끄는 여러분의 내적인 힘을 이용하라.

긍정적인 태도를 가져라. 하버드 경영연구보고서는 85퍼센트가 직업에 대한 태도이고, 단지 15퍼센트만이 지능이나 기타 다른 것을 본다고 했다. 대부분의 고용주들은 기술은 언제나 가르칠 수 있다고 생각하고 있고, 필요한 기술을 배울 수 있는 그 사람의 태도를 더욱 체크한다고 한다.

면접장에서

면접하는 동안, 여러분이 잘 준비되어 있다면 마음이 편안할 것이다. 옷을 잘 입어라. 건강한 자기를 나타내는 확실한 증거가 언제나 옷을 잘 입는 것이다. 이것은 값비싼 옷을 뜻하는 것이 아니라, 어울리는 옷을 말한다.

여러분이 경영 일을 하러 간다면 정장과 넥타이, 여성이라면 정장이 어울릴 것이다. 반면에, 여러분이 기계 쪽에 일을 한다면 캐쥬얼 복장이 어울릴 것이다. 가능한 한 직업에 맞추어 외투를 준비하라. 언제나 사실을 말하라. 만일 여러분이 대답을 모른다면 분명하게 '모른다'고 말하라. 아무도 여러분들이 모든 것을 다 알고 있으리라고 기대하지 않는다. 여러분의 약함을 낮추고 강함을 과장하라.

면접의 마지막까지 봉급은 언급하지 마라. 만일 여러분이 진실로 직장을 원한다면, 그리고 회사가 진실로 여러분을 원한다면 경제문제의 동의는 쉽게 얻을 수 있다. 물론 면접하러 가기 전에 봉급에 대한 생각을 갖고 있어야 한다. 모든 회사는 표준이 있고, 회사는 그것을 알고 있다.

면접할 때 자주하는 질문

면접자가 여러분을 알아보기 위해, "자신에 대해서 말해 보시오."라는 항목이 있다. 내 친구 중 한 사람은 신입사원을 뽑을 때마다 언제나 이 질문을 한다고 한다. 그는 이런 단순한 질문을 처리할 수 없다면 그 자리에 어울리지 않는다고 생각하는 것 같다. 만일 그런 질문에 능숙하게 대답하지 못하고 "저…, 그게…, 에…" 등으로 우물쭈물한다면 판매사원으로는 적합하지 않다고 생각할 것이다.

여러분들이 이런 질문을 받았을 때 잘할 수 있을까? 여러분의 강함을 보일 수 있는 좋은 기회이다. 면접담당관에게 이런 질문을 받았을 때 "나는 강한 직업윤리의식을 가진 잘 교육받은 청년입니다. 나는 도전과 성장을 좋아하고, 어떤 회사라도 도울 수 있습니다."라고 말할지도 모른다. 이 질문에 대한 이런 대답은 판박이처럼 들린다. 신중하게 하라. 그리고 자아확신을 가져라. 사람들은 건강한 자기이미지를 가진 사람을 채용하고 싶어 한다.

면접을 마치고

감사의 글을 보내는 시간을 가져라. 이것은 두 가지 일을 성취한다. 그것은 면접에 대한 예의이고, 그들이 여러분을 고용할 또 다른 기회를 제공해줄 수 있다. 주로 여러분의 역량을 간단하게 면접관에게 인식시켜라. 여러분과 연락하는 길을 그들에게 만들어 주어라.

만일 여러 이유에서 여러분이 떨어졌더라도 어쨌든 그들에게 감사하라. 어떤 가교가 이어질지도 모른다. 사람들은 언제나 직업 현장에서 이동하기 때문에 그것이 먼 훗날 커다란 기회가 될지도 모른다.

12. 이 글을 끝내면서

"용기는 평온한 일상생활 속에서 개발할 수 없다.
용기는 힘든 시간과 싸우고, 절망에 도전할 때 생긴다."
－바르바라 앙겔리스(Barbara Angelis)

지금 여러분은 자신의 길 위에 서 있다. 이 시간은 여러분이 어떤 행동을 취하든 필요한 시간이다. 이 시간을 헛되이 소비하지 않도록 노력하라.

* 여러분은 직장을 원하는가?
* 새로운 직업을 원하는가?
* 자신의 사업을 창업하기 원하는가?

아마 여러분은 현재 근무하는 회사를 정말 좋아하기를 바랄지도 모르고, 여러분의 조직 내에서 승진하고 싶어 할지도 모른다. 여러분의 바람이 무엇이든지, 지금은 여러분 자신을 신나게 일하도록 움직일 시간이다.

나는 여러분에게 여러분의 직업 속에서 이용 가능한 통찰력, 도구, 아이디어를 주려고 노력해왔다. 하지만, 여러분이 행동으로 실천하지 않으면 절대로 이루어지지 않는다.

여러분은 이 책을 통하여 즐겁게 일하는 과정이나 목표에 대해서 배웠다. 나는 이 책이 알려주는 가능성의 세계를 여러분들이 받아들여 여러분 자신의 현실로 만들어낸다면 보람이 크다고 생각한다. 모두 성공하기를 진심으로 바란다.